CALMANN LÉVY ÉDITEUR
ANCIENNE MAISON MICHEL LÉVY FRÈRES
PRIX : 50 CENTIMES — RUE AUBER, 3, ET BOULEVARD DES ITALIENS, 15 — PRIX : 50 CENTIMES
A LA LIBRAIRIE NOUVELLE

GEORGES LE MULATRE

DRAME EN CINQ ACTES, HUIT TABLEAUX

D'APRÈS LE ROMAN

***GEORGES*, D'ALEXANDRE DUMAS**

PAR

CHARLES GARAND

REPRÉSENTÉ, POUR LA PREMIÈRE FOIS, A PARIS, SUR LE THÉATRE DU CHATEAU-D'EAU,
LE SAMEDI 26 JANVIER 1878

DISTRIBUTION DE LA PIÈCE

GEORGES MUNIER	MM.	Gravier.	UN MAGISTRAT	MM.	Picard.
LAÏZA		Pougaud.	UN VOLONTAIRE		Clément.
TÉLÉMAQUE		Péricaud.	UN NÉGRE		Berton.
PIERRE MUNIER		Meigneux.	LE BOURREAU		Cheval.
HENRI DE MALMÉDIE		Duchesnois.	SARA	Mmes	Lacrenck Gérard.
DE MALMÉDIE		Arondel.	MISS HARRIETT		Daudoind.
JACQUES MUNIER		Dalmy.	NAZIM		Daix.
ANTONIO		Livry.	MADAME DESORMEAUX		Darcy.
BIJOU		Fugère.	CLARA		Goliard.
WILLIAM MURREY		Henri.	EUDOXIE		Delaware.
LE DIRECTEUR DE LA PRISON		Servais.	TOUTOU		Henriette.
SIDNEY		Alexandre.	Soldats français et anglais, Nègres, Négrillons, Négresses, Colons, etc.		
DE LA TOUR		Francis.			

Le prologue en 1816, à Port-Louis, chef-lieu de l'île de France. — Les tableaux suivants en 1830.

Mise en scène de M. Meigneux, Régisseur-général. — Musique de M. Meyronnet. — Décors de M. Nézel. — Costumes de M. Picard.

PROLOGUE

PREMIER TABLEAU

LE BATAILLON NOIR

La place d'Armes à Port-Louis, chef-lieu de l'île de France. En 1811.

Grande animation. — Au fond, troisième plan, groupe de soldats de la ligne de la garnison de l'île, en rang et sous les armes. — À leur tête, un commandant. — À gauche, les gardes nationaux volontaires. — À droite, dans le fond, groupe de mulâtres et de nègres. — Marchands, marchandes circulant. Variété de costumes, français, indiens, malais, malgaches, chinois. — À droite, un cabaret avec deux tables à l'extérieur. — On entend au loin le roulement du canon.

SCÈNE PREMIÈRE

MALMÉDIE, chef des volontaires gardes nationaux, près de lui son jeune fils de vingt ans, **HENRI**, et le nègre **BIJOU**, en livrée, avec des gants de fil blanc. — À droite, **PIERRE MUNIER**, mulâtre, teint cuivré, cheveux demi-crépus, vêtu avec une riche simplicité, armé d'une carabine à baïonnette. Il porte à la ceinture une boîte de [illegible] et une cartouchière garnie. Près de lui ses fils, **JACQUES** et **GEORGES**. Le premier, grand et fort garçon de vingt ans. Le second, mince et pâle, de dix-neuf ans. Jacques porte un fusil à deux coups. Le nègre **TÉLÉMAQUE** est près de Georges. **UN COMMANDANT MILITAIRE.**

LE COMMANDANT MILITAIRE vient de faire une proclamation aux troupes de ligne, qu'il termine en élevant son épée dans la direction du canon. Et maintenant... en avant!

TOUS, SOLDATS, GARDES NATIONAUX, MULÂTRES. En avant!

Les tambours battent et les troupes régulières sortent au pas de charge par la gauche. Munier les suit ainsi que Télémaque, puis ils redescendent à gauche.

MALMÉDIE, aux gardes nationaux. Camarades, notre tour va venir! — La proclamation du commandant nous annonce que la bataille d'aujourd'hui décidera du sort de l'île de France. Vingt-cinq mille Anglais nous somment de devenir Anglais... Nous répondrons par : En avant et vive la France!

TOUS. Vive la France!

GEORGES et TÉLÉMAQUE. Vive la France!

HENRI, près de Georges et crispé de l'entendre crier plus fort que lui, avec dédain. Assez, assez!

GEORGES, avec vivacité. Et pourquoi?

Le même jeu se répète entre les deux nègres domestiques.

BIJOU, à Télémaque. Assez!

TÉLÉMAQUE. Pourquoi?

HENRI, à Georges. Parce qu'étant un mulâtre, tu es moins Français que moi qui suis un blanc.

GEORGES. Je suis aussi Français que vous.

BIJOU, à Télémaque. Parce que moi, Bijou... je suis moins nègre que toi.

TÉLÉMAQUE. Ah!

MUNIER s'est vivement approché de Georges, l'entraîne par la main pour couper court à la discussion, et il jette un coup d'œil sévère à Télémaque qui lui [illegible] la retraite. Télémaque!...

Télémaque remonte vers Jacques.

HENRI, haussant les épaules. Le père... remet son petit cuivré à sa place...

BIJOU, à Henri. Ce moricaud de Télémaque, il se croit autant que moi, Bijou, votre serviteur.

MUNIER, à Georges. Je t'en prie, Georges, ne parle jamais à M. Henri.

GEORGES. C'est lui qui a commencé... et je lui répondrai... toujours.

MUNIER, lui tapant amicalement sur la joue. Petite mauvaise tête?... Tiens, rentre plutôt avec Télémaque.

GEORGES, tristement. Oh non, père!... ma place est ici, près de vous... jusqu'à ce que vous partiez... avec mon frère Jacques... qui est plus heureux que moi!... Vous ne voulez toujours pas que je vous suive au combat?

MUNIER, vivement. Non... non... Je l'ai juré à ta mère et tu me l'as promis. — C'est déjà beaucoup que je le permette à Jacques.

JACQUES. Moi, j'ai vingt ans.

GEORGES. J'en ai dix-neuf. — Père, je vous en prie?

MUNIER. Impossible, te dis-je.

JACQUES, désignant les blancs. Mais, père, pourquoi donc n'allons-nous pas dans les rangs de ces messieurs?

MUNIER, embarrassé. Tout à l'heure... Tiens, Georges, crois-moi, va-t'en avec Télémaque.

GEORGES. Je vous en prie, père... je veux rester.

UN VOLONTAIRE, à gauche, à Malmédie. Ah çà, commandant, quand partirons-nous... nous autres?

MALMÉDIE. J'attends le signal... camarades..., et vous ne perdrez rien pour attendre... — À vos rangs, messieurs, (Haut.) et en bon ordre... si c'est possible!

Il va vers Henri, à gauche. — Les gardes nationaux se placent en rang, au milieu, troisième plan.

MUNIER, en observation et guettant l'instant favorable. Allons, Jacques. (Embrassant Georges.) Mon petit Georges, il est temps, va... je le veux. (À Télémaque.) Emmène-le. Et tu m'en réponds.

TÉLÉMAQUE, à Georges. Venez, jeune maître

GEORGES, embrassant son père. Au revoir, père. (Il sort à reculons comme pour voir plus longtemps. Puis, près de sortir, se ravisant, à Télémaque.) Eh bien non... je ne puis pas encore. — Je veux au moins voir...

Il reste en observation, au fond, avec Télémaque, qui avant de s'éloigner a fait des gestes d'au revoir menaçants à Bijou qui a riposté par la même pantomime. — Munier, croyant Georges parti et appréhendant ce qui va suivre, se dirige, résolûment, avec Jacques vers les volontaires. — À l'arrivée des deux mulâtres, murmures... Les voisins se reculent, et il se forme un cercle où restent isolés Munier et Jacques.

MALMÉDIE, qui ne s'était aperçu de rien. À vos rangs, messieurs. (Murmures.) Eh bien, qu'est-ce qu'il y a donc?

PLUSIEURS VOLONTAIRES. Pas de mulâtres avec nous!

TOUS, avec violence. Pas de mulâtres! pas de mulâtres!...

Malmédie s'aperçoit de la cause du mouvement et va vivement vers Munier qui, pâle, embarrassé, est resté immobile, les yeux baissés, tandis que Jacques, rouge de colère, a fait quelques pas pour se retirer.

MALMÉDIE, après avoir toisé l'homme de couleur. Eh bien, monsieur Pierre Munier, vous n'entendez point qu'on ne veut pas de vous?...

Munier ne répond pas.

JACQUES, fièrement. Viens, père.

Munier ne bouge pas.

MALMÉDIE, le repoussant du plat de la main. Retirez-vous.

MUNIER, ému, embarrassé. Monsieur de Malmédie, j'avais espéré que, dans un pareil jour, la différence des couleurs s'effacerait devant le danger général.

MALMÉDIE, ricanant en haussant les épaules. Vous avez espéré cela!... et qui vous a donné cet espoir, s'il vous plaît?

MUNIER. Le désir que j'ai de me faire tuer, s'il le faut, pour sauver notre île.

MALMÉDIE, avec dédain. Notre île! notre île!... Parce que ces gens-là ont des plantations, ils se figurent que l'île est à eux!

MUNIER, tristement. L'île n'est pas plus à nous qu'à vous, messieurs les blancs, je le sais. Mais si nous nous arrêtons à de semblables distinctions au moment de combattre, elle ne sera bientôt plus... ni à vous ni à nous.

MALMÉDIE, frappant du pied. Assez... Êtes-vous porté sur les contrôles de la garde nationale?

MUNIER. Non, monsieur, et vous le savez bien, puisque, lorsque je me suis présenté, vous m'avez refusé.

MALMÉDIE. Eh bien alors, que demandez-vous?

MUNIER. À vous suivre comme volontaire.

MALMÉDIE. Impossible!.. n'est-ce pas, messieurs?

LES BLANCS. Non... non... pas de mulâtres.

JACQUES, brusquement. Venez, mon père.

MUNIER. Messieurs, je vous en prie, laissez-moi me battre.

MALMÉDIE. Je vous ordonne de quitter la compagnie!

Munier reste immobile comme ne pouvant obéir. — Georges a écouté, à l'écart, le débat de son père et des gardes nationaux, également observé par Henri et Bijou, réjouis de l'humiliation des mulâtres. Au moment où Malmédie ordonne à Munier de s'éloigner, Georges s'élance et saisissant son père par une main.

GEORGES. Mais, père, venez donc et laissez là... ces gens qui vous insultent!

JACQUES, lui prenant l'autre main. Oui... venez, père.

Munier, la tête penchée sur la poitrine, se laisse machinalement conduire à l'écart.

HENRI, pirouettant. Une bonne petite leçon, hein, Bijou!

BIJOU, se rengorgeant. Chacun à sa place!

Coups de canon.

MALMÉDIE. Le signal, camarades!... (Aux volontaires, en tirant son sabre.) Pas accéléré! en avant!

LES VOLONTAIRES. En avant!

Musique militaire. — Les gardes nationaux sortent dans un demi pêle-mêle.

SCÈNE II

MUNIER, GEORGES, JACQUES. *Munier, accablé par ce qui vient de se passer.*

JACQUES, *avec colère désignant dans la direction de la sortie des blancs.* Eh bien... tant pis pour eux... si nous n'en sommes pas!

MUNIER, *regardant ses fils comme leur demandant pardon de l'humiliation qui frappe leur race.* Mes pauvres enfants... que voulez-vous... c'est ainsi!

GEORGES, *avec force.* Et vous le laisserez... ainsi?

MUNIER. Que faire?

GEORGES, *se retournant et désignant au fond, les nègres qui vont et viennent, armés.* Mon père, voilà les nègres qui attendent un chef!

JACQUES, *avec joie.* Mieux vaudrait commander à ceux-ci que d'obéir aux autres.

MUNIER, *se redressant.* Vous avez raison! (*Il remonte, est entouré par les nègres qui battent des mains en l'acclamant. — Tirant son sabre.*) Mes enfants, vous m'acceptez pour chef? — Écoutez-moi donc — Je vous répéterai les paroles d'un général des blancs à ses soldats avant de se battre, car je pense comme lui: — Si j'avance, suivez-moi; si je recule, tuez-moi; si je meurs, vengez-moi!... En avant!

JACQUES et LES NÈGRES, *enthousiasmés.* En avant! (*Musique. — Georges, saisissant une arme portée par un noir.*) J'irai aussi.

Sortie générale, avec sonneries de clairons.

TÉLÉMAQUE, *arrêtant Georges.* Non, maître, vous ne pouvez pas. J'ai répondu de vous!

GEORGES, *frappant du pied et suivant des yeux la sortie des noirs.* Et j'ai promis, oui!

Canon et fusillade.

SCÈNE III

GEORGES, TÉLÉMAQUE.

GEORGES. Entends-tu?...

TÉLÉMAQUE. Oh! oui... oui...

GEORGES, *indiquant à droite.* Télémaque, tu vois cette terrasse?...

TÉLÉMAQUE. Oui, maître... c'est la terrasse...

GEORGES. D'un de nos amis... d'où l'on voit les combattants. J'y cours.

TÉLÉMAQUE. Moi aller avec vous, maître.

GEORGES. Non, c'est inutile!. Tu me verras d'ici! (*Lui donnant une pièce de monnaie en lui désignant le cabaret.*) Tiens, bois à leur victoire! Et à tout à l'heure.

Il sort, en courant, par la droite.

SCÈNE IV

TÉLÉMAQUE, ANTONIO, *puis* BIJOU.

TÉLÉMAQUE *regarde la terrasse jusqu'à ce qu'il voie apparaître Georges, au dehors. — Par intervalles, canonnade lointaine pendant la scène.* Ah! voilà M. Georges! — D'ici je ne le perds pas de vue.

ANTONIO, *le Malais, une sorte de Quasimodo indien, mélange du singe et du reptile, a paru, au fond à gauche, et observé la scène où Georges donne de l'argent à Télémaque; il s'avance patelin sur la droite.* Eh bonjour, monsieur Télémaque!

TÉLÉMAQUE, *tout en continuant à surveiller Georges des yeux.* Bonjour, Antonio!

ANTONIO. J'ai vu partir M. Munier!... Comme il était beau... monsieur Télémaque!

TÉLÉMAQUE. Oh oui!

ANTONIO. C'est moi... qui ai dit aux noirs: Voilà le chef qu'il vous faut...

TÉLÉMAQUE. Ah!

ANTONIO. Je l'ai dit si souvent que j'en ai le gosier brûlé, monsieur Télémaque.

TÉLÉMAQUE. Ah! pauvre Antonio! Eh bien, moi rafraîchir toi...

ANTONIO. Monsieur Télémaque, vous êtes toujours généreux!

TÉLÉMAQUE, *se rengorgeant.* Toujours... (*Il s'assied à la première table.*) Que veux-tu boire?...

Entrée du garçon de cabaret.

ANTONIO. De l'eau-de-vie...

TÉLÉMAQUE. De l'eau-de-vie!... (*Au garçon.*) Deux verres!

BIJOU, *sortant sur la place et allant à Télémaque.* Je reviens.

ANTONIO, *se levant et saluant.* Bonjour, monsieur Bijou.

BIJOU, *sans répondre à Antonio.* Je reviens pour reprendre notre dispute...

TÉLÉMAQUE. Reprenons.

BIJOU, *avec dédain.* Si moi, je n'ai pas souffleté toi, tout à l'heure, c'est à cause de mes gants blancs... ça les salirait.

TÉLÉMAQUE, *même jeu.* Si je n'ai pas frotté toi avec ça, (*Désignant son pied.*) c'est que soulier ne voulait pas se souiller.

Il rit comme comprenant un calembour.

BIJOU. Tu pouvais ôter soulier pour me frotter...

TÉLÉMAQUE. Tu pouvais ôter gants pour me souffleter...

BIJOU. Tu ne valais pas la peine.

TÉLÉMAQUE. Tu ne valais pas la peine.

BIJOU, *à Antonio.* Sais-tu, Antonio, pourquoi moi n'a pas répondu à toi quand tu as dit: Bonjour?

ANTONIO, *mielleux.* Pourquoi, monsieur Bijou?

BIJOU. Parce que tu bois... avec ce domestique des mulâtres.

ANTONIO, *montrant son verre vide.* Je ne bois plus... j'ai bu, monsieur Bijou.

BIJOU. Bois plutôt avec moi, Bijou, ce sera plus noble...

ANTONIO. Je ne refuse pas, monsieur Bijou...

BIJOU, *au garçon.* De l'eau-de-vie?

ANTONIO. Oui...

TÉLÉMAQUE *se lève, paie le garçon qui revient, et à Antonio.* Sais-tu pourquoi, Antonio, je quitte toi sans te regarder?

ANTONIO. Non, monsieur Télémaque.

TÉLÉMAQUE. C'est à cause que tu bois avec ce domestique... des blancs!...

Il remonte.

BIJOU, *à Antonio.* Ce Télémaque... est bête et beaucoup plus noir que moi...

ANTONIO. Oh! oui... monsieur Bijou.

BIJOU. Et si Bijou était sûr d'être plus fort que lui... certainement il ôterait les gants.

ANTONIO. Monsieur Bijou, vous pourriez le battre... avec une vieille, vieille paire...

BIJOU. Même avec une vieille, vieille paire... ce serait encore dommage...

ANTONIO. C'est vrai, monsieur Bijou... (*A part.*) J'ai encore soif. (*Haut.*) J'ai tout à l'heure vu passer M. de Malmédie!... Comme il était beau... monsieur Bijou.

BIJOU. Je crois bien... c'est mon maître...

ANTONIO. J'ai tant crié: Vive M. de Malmédie! que mon gosier brûle.

Désignant son verre vide.

BIJOU. Je te ferai boire encore... Antonio.

ANTONIO. Si vous le voulez bien... monsieur Bijou.

BIJOU. Mais tu iras fâcher ce Télémaque.

Il lui verse.

ANTONIO, *buvant.* J'irai... monsieur Bijou. Vous savez bien que je déteste les mulâtres et leurs noirs.

BIJOU. Va, avant que je parte... pour que je le voie bien fâché.

Antonio vide son verre et va vers Télémaque en observation qui l'accueille de son haut.

ANTONIO, *à mi-voix.* Monsieur Télémaque, j'ai quitté mauvais Bijou... parce qu'il a dit que... vous aviez le nez plus écrasé... que lui...

TÉLÉMAQUE, *furieux...* Plus écrasé!!... Oh!

BIJOU, *en observation, fait une pirouette joyeuse et se sauvant.* Télémaque bien fâché!

ANTONIO, *à Télémaque.* Mais moi j'ai soutenu votre nez, monsieur Télémaque.

TÉLÉMAQUE, *avec geste de menace.* Je le retrouverai... (*Le canon, la fusillade redoublent.*) Oh! oh!

ANTONIO, *à part avec joie.* On se tue... là-bas! Lesquels resteront les maîtres?... Antonio... va voir, de loin, et sois toujours avec les plus forts!... Au revoir... monsieur Télémaque.

TÉLÉMAQUE. Si tu rencontres... Bijou... dis-lui beaucoup de sottises de ma part.

ANTONIO. Je dirai... monsieur Télémaque... vous savez bien moi aussi détester... les blancs.

Il sort. — Clameurs au dehors, le clairon des noirs se rapprochant.

TÉLÉMAQUE. C'est le clairon... des amis!... qui joue joyeusement? (*Regardant à droite.*) M. Georges n'est plus sur la terrasse.

SCÈNE V

TÉLÉMAQUE, GEORGES, MUNIER, *puis* JACQUES, *puis* MALMÉDIE, HENRI, BIJOU, NÈGRES, ANTONIO.

GEORGES, *courant à Télémaque.* Entends-tu!... la fanfare de victoire. Mon père revient!...

Clameurs enthousiastes. — Entrée triomphale de Munier, portant un drapeau anglais qu'il agite.

MUNIER, à la vue de Georges, comprenant l'immense joie qu'il va causer à son fils, court lui montrer le drapeau. Georges, regarde... un drapeau ennemi!..,

JACQUES. Et c'est père qui l'a pris!

GEORGES, avec un cri de bonheur, s'élance dans les bras de Munier qui serre sur sa poitrine, dans une même étreinte, son fils et le drapeau.

JACQUES. Une leçon pour ceux qui se pavanent. Vous avez entendu le Malmédie nous inviter... à quitter son bataillon blanc?... Eh bien!... sans le bataillon noir... tous ces pierrots tournaient en beefsteaks d'Anglais! Ils étaient entourés, mitraillés, lardés!..., pas un n'échappait.

GEORGES, touchant le drapeau. Pas un!... Et c'est père... qui l'a pris... ce drapeau?

JACQUES. Oui, ça été le bouquet. — Père a crié : Au drapeau!.. et a foncé le premier dans la direction... Quelle trouée!... J'en étais et je m'en vante!... Il a été rudement défendu! Quatre l'ont tenu..., quatre sont morts!...

GEORGES. Et les blancs..., vous ont bien vus?

JACQUES, riant. Ah! sacrebleu oui... et qu'ils étaient plus jaunes que nous. Ce drapeau-là... père, Georges, ça va être notre lessive générale... ou bien... il faut y renoncer!...

Musique. — Rentrée des volontaires au fond.

MUNIER. Oui... il faut y renoncer... Regardez... Voilà ceux que nous avons sauvés! — Voyez s'ils s'en souviennent. (Il désigne au fond, de Malmédie, Henri et quelques autres qui traversent en affectant de ne pas voir Munier et les siens. — Souriant tristement.) Pas une poignée de main! pas un mot... pas un regard de remerciement!

JACQUES. C'est vrai!... Ils sont indécrottables!... mais en somme,..c'est à nous l'honneur de la journée!... (Aux nègres.) Camarades,.. nous allons baptiser le drapeau, n'est-ce pas, père?

MUNIER. De grand cœur!

JACQUES. Je vais soigner la commande!

Il entre dans le cabaret à droite.

UN NÈGRE, accourant. Mosié... mosié Munier... vous savez Gazul?

MUNIER. Gazul, oui, qui tout à l'heure s'est bravement battu avec nous...

LE NÈGRE. Il a reçu... deux balles... et avant de mourir... il veut recommander femme... et petits enfants. .

MUNIER, avec émotion. Allons vite... Je reviens,.. mes amis. (Donnant le drapeau à Georges.) Tiens, je te le confie.

GEORGES, Merci, père.

Munier sort vivement par la gauche, suivi du nègre.

SCÈNE VI

GEORGES, TÉLÉMAQUE, ANTONIO, puis HENRI, BIJOU, JACQUES, puis MALMÉDIE, MUNIER, LES NÈGRES.

ANTONIO, en observation au fond. On va payer à boire...

Télémaque, depuis l'entrée du drapeau, n'a cessé d'être en admiration respectueuse devant lui. Quand il voit Georges le tenant fièrement, il s'approche ému... et ôtant timidement son chapeau comme un solliciteur :

TÉLÉMAQUE. Mosié Georges,.. je puis pas finir... de regarder, . le drapeau!...

GEORGES, riant. Eh bien, n'en finis pas... Régale-toi... Télémaque.

TÉLÉMAQUE, comme osant exprimer une énorme ambition. Mosié Georges, je... je... voudrais... le toucher tout doucement.., (Vivement.) rien qué... d'une main.

GEORGES. Je te le permets...

TÉLÉMAQUE, ravi. Oh!... (Regardant sa main droite.) Oh! elle est bien propre. (Il touche le drapeau... comme une relique, le flatte... et fièrement.) Je touche... je caresse de la gloire!...

GEORGES, riant. Mais c'est que c'est ça!...

TÉLÉMAQUE, même jeu, s'exaltant. Il me semble qu'il m'entre... du courage... par tous les doigts!...

GEORGES, riant. C'est ce qui arrive toujours, Télémaque.

TÉLÉMAQUE, naïvement. Mais alors... je vais... le flatter avec les deux mains...

GEORGES, riant. Flatte-le des deux mains.

Bijou et Henri, portant une cravache, reparaissent au fond à droite.

TÉLÉMAQUE, ravi. Mais c'est... que c'est vrai... que ça fortifie Télémaque!... Ah! je voudrais que Bijou... vienne maintenant.

HENRI, narquois, désignant le groupe. Mais vois donc, Bijou, le petit mulâtre qui fait la roue avec le drapeau du papa!

BIJOU, se moquant. Oh! oh! oh!

TÉLÉMAQUE, se retournant. Le voilà... ce Bijou... Oh! s'il dit un mot de travers...

Il remonte et se tiennent à droite après l'entrée de Jacques.

HENRI, s'avançant. Ma parole!.. il faut que je m'amuse de plus près. (Il s'approche de Georges qui, muet, froid et crispant son drapeau, s'est immobilisé, sentant venir l'outrage. — Henri l'examinant d'un air moqueur et désignant le drapeau de sa cravache.) Qu'est-ce que c'est que ça?

Il passe à gauche.

GEORGES, se redressant, narquois. Ça... c'est le raisin de la fable!

HENRI, riant avec mépris. Bon pour des goujats! (Lançant un coup de cravache au drapeau.) Gardez votre loque.

TÉLÉMAQUE, avec une exclamation. Ah!

GEORGES, furieux. Petit lâche!

Henri se retourne furieux et revient appliquer un coup de cravache au visage de Georges qui jette un cri de rage — Au même instant et ayant tout vu, paraît Jacques sortant du cabaret. Il jette une exclamation : Ah!... et s'élance sur Henri qu'il envoie d'un coup de poing à la figure rouler à quelques pas, saisit sa cravache et la casse en morceaux.

BIJOU, stupéfait. Ah!

TÉLÉMAQUE, s'élançant sur Bijou qu'il envoie pareillement par terre. Bijou... tu rouleras aussi... toi..

GEORGES, hors de lui et courant à Télémaque lui tendre le drapeau. Tiens-le. C'est moi qui dois me venger...

JACQUES, le retenant. Non... cette fois, j'ai payé pour deux. Il doit avoir le nez en compote.

Bijou, jetant des exclamations, a couru vers Henri, qui s'est relevé livide. — Paraît de Malmédie.

HENRI court à lui, et désignant les Munier. Ils m'ont frappé!...

MALMÉDIE. Ceux-là... toi!...

Il s'élance vers Jacques.

JACQUES, se plaçant devant lui. Touchez-moi donc!...

MUNIER, paraissant et s'élançant entre eux. Monsieur... que s'est-il passé?...

MALMÉDIE, furieux. On a osé frapper... mon fils...

MUNIER, regarde Georges et Jacques; voyant que Georges a le visage ensanglanté. Georges, tu es blessé?

JACQUES. Oui, par un coup de cravache (Désignant Henri.) qu'il a commencé à donner à Georges.

MUNIER. A Georges?

JACQUES. J'ai rendu un coup de poing, brisé la cravache... et je suis prêt à recommencer...

MALMÉDIE, menaçant. Petit drôle!...

JACQUES, plus haut. Prêt à recommencer...

MUNIER. Silence, Jacques. — Monsieur de Malmédie,.. je suis désespéré de ce qui vient d'arriver... et je vous en fais mes excuses.

JACQUES et GEORGES. Des excuses, père!. .

MALMÉDIE, brutalement. Vos excuses! croyez-vous que cela suffise... vos excuses?...

MUNIER. Que puis-je de plus, monsieur?...

MALMÉDIE, désignant Jacques. Vous pouvez le faire fouetter!...

JACQUES, courant à son fusil, en éclatant de rire. Me faire fouetter? moi!... Venez donc vous y frotter, vous et les vôtres, monsieur de Malmédie?... n'est-ce pas, Georges?...

GEORGES, Oui, Jacques... et moi aussi je ferai le coup de feu!...

MUNIER, effrayé. Silence, Jacques, Georges, taisez-vous.

LES DEUX FRÈRES, à la fois. Non, mon père.

JACQUES. J'en ai assez... de me taire... quand les autres parlent... d'obéir quand les autres commandent... de me ranger quand les autres passent... et d'offrir des excuses quand on doit en recevoir!..

GEORGES. Bien, Jacques.

MUNIER, à Malmédie. Monsieur... ce sont des enfants.

MALMÉDIE. Et vos élèves.

JACQUES. Et pourquoi ces grands airs!... Je vous le demande? Nous sommes plus riches qu'eux!... Notre père, comme intelligence, n'a pas son égal... dans l'île. (Haussement d'épaules de Malmédie. — Allant à Malmédie.) Pas son égal!... (Désignant le drapeau.) Comme courage, voilà une preuve qui se porte bien... Son seul défaut, c'est d'être modeste et bon.., jusqu'à en devenir... pardon, père, bonasse! C'est pour cela que ceux qui ne le valent pas et qui viennent d'être sauvés par lui et sa bande noire... viennent, père et fils, pour nous cravacher... et nous faire fouetter...

GEORGES. Bien, Jacques.

JACQUES. Et tout ça... parce que notre peau est un peu moins claire... que la leur!... Et ça, dans l'île de France!... Messieurs de Malmédie, père et fils, je ne sais pas si vous allez éclater de colère... mais... moi, Georges et tous ceux-là, nous n'éclatons que de rire!

Rire général, sauf Munier, effrayé des suites. Les Malmédie sont pâles de colère contenue.

GEORGES, *enthousiasmé*. Bien parlé... Jacques!

TÉLÉMAQUE, *même jeu*. Oh! oh!... oui... jeune maître parlé... comme il fallait, une fois!

JACQUES. A l'avenir, ce sera mon ordinaire! (*Aux noirs.*) A vos verres, camarades! et à M. Pierre Munier le mulâtre!

Vivat, acclamations.

MALMÉDIE, *menaçant*. On verra qui rira le dernier!...

Il sort avec Henri, suivi de Bijou à qui Télémaque vient d'appliquer un coup de pied au postérieur, après quoi, il tire son mouchoir et essuie sa chaussure.

SCÈNE VII

MUNIER, GEORGES, JACQUES, Les Nègres.

MUNIER, *allant à ses fils, avec émotion*. Ah! chers terribles enfants... qu'avez-vous dit! .. qu'avez-vous fait?...

GEORGES. Il a dit la vérité!... et vous a fait justice, mon père.

MUNIER, *avec anxiété*. Ils se vengeront... sur vous!

JACQUES, *remontant*. On les attend!...

GEORGES, *même jeu*. Quand ils voudront!

MUNIER, *à part*. Non, non, demain... ils partiront pour la France!...

LES NÈGRES *et* JACQUES, *élevant leurs verres*. Vivent les Munier!

ACTE DEUXIÈME

DEUXIÈME TABLEAU

LES BONS MAITRES

A l'île de France, devenue l'île Maurice, quatorze ans après. Chez Pierre Munier.

A gauche, un pavillon d'habitation où l'on monte par un perron précédé d'un jardin clos par une grille. — Dans le jardin à gauche, un berceau de feuillage. — A droite, un banc à dossier, ombragé par un arbre. — A droite, hors de la grille, chemin libre donnant dans la forêt. — Terrain accidenté d'éminences. — A l'horizon, les montagnes.

SCÈNE PREMIÈRE

LES NÈGRES, *puis* TÉLÉMAQUE, *puis* LAIZA *et* NAZIM.

Les nègres travaillent dans le jardin tout en chantant.

CHŒUR.

Travaillons, travaillons...
Bon nègre, avec courage,
Fera bien son ouvrage,
Quand les maîtres sont bons.
Travaillons!
Travaillons!

Coup de canon lointain... Les nègres cessent leur chant.

TÉLÉMAQUE, *paraissant sur le seuil de la porte du pavillon*. Le canon! — Le vaisseau entre à Port-Louis... C'est peut-être le bon vaisseau!

LES NÈGRES, *en chœur*. Peut-être le bon vaisseau!

Un nègre en observation, au fond à droite, redescend vivement et aux noirs, à mi-voix.

LE NÈGRE. Les voilà...

Il va ouvrir la grille d'entrée. — Paraissent au fond, à droite, Laiza et Nazim qui viennent, furtivement, vers l'habitation. Laiza se retourne pour voir s'il n'est pas suivi. D'autres noirs se sont aussitôt postés sur divers points d'observation, échelonnés de manière à se passer les signaux de l'un à l'autre.

TÉLÉMAQUE, *allant au-devant des fugitifs*. On vous attendait...

LAIZA. Merci!

TÉLÉMAQUE, *à Laiza*. Tout est prêt.

LAÏZA. Bien.

Un noir, aposté au fond, se penche vivement vers son voisin qui transmet rapidement le renseignement à un autre, ainsi de suite, jusqu'à Télémaque.

TÉLÉMAQUE. Alerte!... on signale Antonio. (*Désignant le pavillon.*) Entrez là... Le maître est à Port-Louis.

Laiza et Nazim passent dans le pavillon.

TÉLÉMAQUE, *sur le seuil*. Soyez tranquilles... Antonio, méchant renard de chasse... mais Télémaque, bon chien de garde... (*Il referme la porte. Aux nègres.*) Au travail et attention.

Les nègres se remettent à l'ouvrage en chantant.

CHŒUR.

Travaillons, travaillons,
Bon nègre, avec courage,
Etc.

SCÈNE II

LES PRÉCÉDENTS, ANTONIO, *armé d'un fusil, d'un fouet cravache, une gourde au côté. — Il paraît s'orienter, regarde l'habitation et s'avance vers la grille, épiant les travailleurs. — Après un temps.*

ANTONIO. Bonjour, bon Télémaque.

TÉLÉMAQUE, *feignant la surprise*. Ah! bonjour, Antonio!

ANTONIO. Tu es surpris... de me voir par ici?

TÉLÉMAQUE. Oui...

ANTONIO. Je suis en chasse.

TÉLÉMAQUE. Ah!

ANTONIO. Laiza et Nazim sont partis ce matin.

TÉLÉMAQUE. Ah! c'est qu'on est dur chez vous.

ANTONIO, *hypocritement*. Allons donc!... Si je retrouve mes noirs, le maître pardonnera.

TÉLÉMAQUE. Après cinquante coups de corde.

ANTONIO, *lui présentant une pièce d'or*. Télémaque, il y a cette pièce d'or à gagner.

TÉLÉMAQUE, *la prenant, et l'examinant en s'extasiant*. Oh!

ANTONIO. Oh!... elle est bonne... tu peux mordre dedans...

TÉLÉMAQUE, *mord*. Oui, aussi jaune en dedans.

ANTONIO, *à part*. Il y mord!... (*Présentant sa gourde.*) Et puis goûte cette eau-de-vie.

Télémaque prend et boit.

ANTONIO, *à part*. Il y goûte!

TÉLÉMAQUE. Oh! oui... bien bonne!... (*Désignant les nègres.*) Aussi faire goûter à eux?...

ANTONIO. Soit. (*Les nègres se passent rapidement la gourde et la vident, chacun disant :* Oh! bonne! bonne!...)

TÉLÉMAQUE, *rendant la gourde vide*. Tous ont trouvé bonne...

ANTONIO. Eh bien! il y en aura trois gourdes pareilles pour me dire si on a vu Laiza et Nazim!

TÉLÉMAQUE. Pièce d'or et bonne eau-de-vie!... (*S'approchant d'Antonio.*) Oh! alors...

ANTONIO, *à part*. Il va parler...

TÉLÉMAQUE *court à l'éminence du fond, jette une exclamation et indiquant une fausse direction*. Les voilà!... les voilà!

Antonio s'élance dehors, les noirs se remettent à chanter.

Travaillons, travaillons,
Bon nègre, avec courage, etc.,

TÉLÉMAQUE, *riant*. Cours, cours, Antonio!

Il dépêche un noir vers le bois à droite, et va faire sortir Laiza et Nazim du pavillon.

SCÈNE III

TÉLÉMAQUE, LAIZA, NAZIM, LES NÈGRES *au fond*.

TÉLÉMAQUE. Parti!... et j'ai fait suivre pour voir si la forêt et la rivière sont tranquilles. (*Désignant le bosquet.*) Attendez là pour entrer dans le bois.

LAÏZA. Merci!

TÉLÉMAQUE. Je continue à veiller...

Il remonte. — Laiza et Nazim dans le bosquet.

LAÏZA, *après une pause*. Ainsi, tu veux toujours fuir?...

NAZIM. Oui, frère, il faut que je retourne à Anjouan, la patrie, ou que je meure!

LAÏZA. Il y a loin d'ici à Anjouan!

NAZIM. Qu'importe!

LAÏZA. C'est le temps des tempêtes!... Si la barque chavire?...

NAZIM. Ce ne sera que la mort.

LAÏZA. Réfléchis encore.

NAZIM. Je ne peux plus... Quand le chef des Mangallos nous a pris dans un combat et nous a vendus au négrier pour nous rendre esclaves... nous, fils des grands chefs!...

souviens-toi,.. j'ai tenté de me tuer... Toi, plus fort tu m'as prié de vivre en me parlant du pays, de notre père... Tu m'as dit : Attends... tu les reverras.., Et voilà deux ans que j'attends.—Je ne peux plus!.. je me sens mourir loin d'eux!..., je te l'ai dit et tu m'as répondu : Compte sur moi!... Tu es sorti, tous les soirs, depuis quatre jours, pour travailler à la fuite, n'est-ce pas? — Laiza, qu'as-tu fait?

LAIZA. Nazim, patiente encore un peu... Les maîtres sont douze mille.., nous sommes quatre-vingt mille!..,

NAZIM. Oui, je connais tes projets, mais le pays m'appelle plus fort que la vengeance.. Et puis notre mère qui est morte... elle aussi m'appelle...

LAIZA, *tressaillant.* Notre mère?

NAZIM. Oui — Depuis quinze jours, tous les soirs, l'oiseau des morts, un fondi-djala, vient chanter au-dessus de ma tête!... C'est le même qui à Anjouan chantait sur sa tombe. Il a traversé la mer pour me trouver... Il me suit partout.. Écoute... le voici.

Silence et chant d'oiseau. — Après un temps le chant s'interrompt.

NAZIM. Il s'est envolé là-bas. Il me montre le chemin. Il va m'appeler plus loin.

Nouvelles modulations.

LAIZA, *frissonnant.* C'est vrai!

Le chant de l'oiseau se perd au loin.

NAZIM, *ravi.* Il est retourné au pays, où il m'appellera ainsi jusqu'à ce que j'y retourne moi-même.

LAIZA, *gravement.* L'âme de notre mère le veut. Pars, Nazim. Tout est prêt.

NAZIM, *avec joie.* Tout est prêt?

LAIZA. Voilà pourquoi je t'ai conduit ici. Là, proche, dans la forêt, au bord de la rivière noire, aidé de quelques fidèles, j'ai creusé un canot dans un arbre... J'ai scié la base et un petit effort le pousse à l'eau... J'ai taillé deux avirons dans les branches.., et puisque tu veux partir... eh bien! pars.

NAZIM. Tu ne viens pas avec moi, frère?

LAIZA. Non.

NAZIM. Pourquoi?

LAIZA. Je te l'ai dit... — La révolte m'a choisi pour chef.

NAZIM. Ce n'est pas la révolte seule qui te retient, frère...

LAIZA. Que penses-tu?

NAZIM. La Rose de la Rivière-Noire?..,

LAIZA, *tressaillant.* C'est vrai... je l'aime...

NAZIM. Pauvre frère! .. Et quel est ton projet?

LAIZA. Je n'en ai pas.

NAZIM. Ton espoir?...

LAIZA. La voir demain... comme je l'ai vue hier.

NAZIM. Et la patrie?

LAIZA. Je l'ai oubliée.

NAZIM. Nessah qui t'aime?

LAIZA. Je ne m'en souviens plus.

NAZIM. Notre père?

LAIZA, *d'une voix étouffée.* Tu lui diras que Laiza est mort. (*Musique. — Tressaillant.*) Nazim! j'ai entendu!..., (*Il se couche à terre, écoute, puis se relevant sur un genou.*) C'est elle! Elle approche!

Les nègres apostés se font des signes comme pour se rassurer sur les nouveaux venus.

SCÈNE IV

LES PRÉCÉDENTS, *dans le bosquet à gauche. — A droite, en dehors de la grille, paraissent* MISS HARRIETT, *en costume de ville,* SARA, *en costume d'amazone, cravache en main, suivies de* BIJOU, *en livrée.*

MISS HARRIETT, *désignant l'habitation à Bijou.* C'est ici?

BIJOU. Oui, miss.

MISS HARRIETT. Va nous annoncer.

BIJOU, *craintif.* Si maître apprend cette visite... il fera fouetter Bijou.

SARA. N'aie pas peur.

MISS HARRIETT. Va...

BIJOU, *allant à la grille.* Bonjour, Télémaque.

TÉLÉMAQUE, *venant au-devant de Bijou près de la grille.* Eh! bonjour, Bijou...

BIJOU. Miss Harriett veut visiter avec mademoiselle Sara la plantation de la Perle-Noire.

TÉLÉMAQUE. Ah! (*Ouvrant avec empressement.*) Mesdames, le bon maître est absent à Port-Louis.

MISS HARRIETT. Ah!

TÉLÉMAQUE. Mais il reviendra bientôt... et si mesdames veulent bien... après s'être rafraîchies, visiter ensuite... je serai leur serviteur...

MISS HARRIETT, *charmée de l'accueil.* Aoh! il a une figure contente, ce noir... (*Désignant les autres nègres.*) et ceux-là aussi!... (*Bas, à l'oreille de Bijou.*) Je suis sûre qu'ils ne sont ni menteurs, ni voleurs, ni espions... (*A Télémaque.*) N'est-ce pas?

TÉLÉMAQUE. Mesdames, les noirs d'ici sont bons et dévoués.

MISS HARRIETT. Tu entends, Bijou?

BIJOU. Oui, miss...

Pendant ce qui suit, Bijou s'esquive hors de l'habitation, à droite.

TÉLÉMAQUE, *indiquant le pavillon.* Mesdames, dans ce pavillon sont des rafraîchissements...

MISS HARRIETT. Nous acceptons...

SARA. Et ensuite, en attendant le retour de M. Munier, nous pourrons, à cheval, faire le tour de la plantation?

TÉLÉMAQUE. Comme il vous plaira, mesdames.

MISS HARRIETT. Je vous suivrai en voiture. — Bijou!... où est-il donc? (*A Télémaque.*) Il sera retourné près de notre équipage, ici près de l'habitation.

TÉLÉMAQUE. Je vais faire conduire derrière le pavillon, à vos ordres...

MISS HARRIETT. C'est cela...

Entre un nègre à qui Télémaque dit quelques mots.

TÉLÉMAQUE, *ouvrant la porte du pavillon.* Mesdames...

MISS HARRIETT, *entrant avec Sara.* Il a tout à fait bonne figure, ce noir!

Télémaque les suit dans le pavillon.

SCÈNE V

LAIZA, NAZIM, *dans le bosquet, puis* TÉLÉMAQUE.

LAIZA. Nazim! (*Il lui prend la main qu'il place sur sa poitrine.*) Rien que de la savoir près de nous, sens-tu battre mon cœur? et comprends-tu que ne puis pas partir!

NAZIM, *même jeu.* Laiza, sens-tu mon cœur bondir, rien qu'en pensant à la patrie?... comprends-tu qu'il faut que je parte?

LAIZA. Oui, Nazim... tous les deux nous aimons...

Télémaque revient du pavillon; un nègre, venant du bois, à droite, accourt lui parler bas.

TÉLÉMAQUE, *allant vers les deux frères.* Le bois et la rivière sont tranquilles.

LAIZA. Nous y attendrons la nuit... (*Désignant Nazim.*) Et il partira...

TÉLÉMAQUE. Des provisions sont au pied de l'arbre... Et tiens, Nazim, voilà une pièce d'or que nous avons encore gagnée pour toi...

Nazim prend et s'incline.

LAIZA. Merci à toi, à tous... et patience.

Il sort furtivement avec Nazim et passe dans le bois à droite.

SCÈNE VI

TÉLÉMAQUE, *puis* MUNIER.

TÉLÉMAQUE, *les suivant des yeux.* S'ils étaient chez nous, ils ne se sauveraient pas... Bon maître M. Munier!... Et bien heureux si ses fils étaient-là! (*Aboiement d'un chien.*) Fidèle aboie joyeusement!... Maître revient peut-être avec eux. (*Il remonte vivement. Au fond, paraît Munier, sombre, marchant lentement, un fusil en bandoulière.*) Non... il revient seul et triste.

Il court ouvrir la grille et, silencieux, se range à l'écart, respectant la douloureuse méditation du maître.

MUNIER, *plongé dans ses pensées, entre dans le jardin, dépose son arme contre un arbre et s'assied tristement sur le banc.* Personne!... Ah! les parents souffrent plus de l'absence que les enfants!...

Télémaque s'est doucement rapproché.

MUNIER, *levant la tête.* Personne encore, mon bon Télémaque.

TÉLÉMAQUE. Maître, ce sera pour le navire suivant.

MUNIER, *avec un soupir.* Voilà quatorze ans qu'ils sont partis!...

TÉLÉMAQUE. Plus c'est long... plus ce sera court!... (*Aboiement du chien.*) Fidèle continue à aboyer joyeusement.

MUNIER, *souriant tristement.* Ce n'est pourtant pas le moment. Enfin!... s'ils sont heureux là-bas... j'ai tort de me plaindre... Ici, nous sommes toujours les mulâtres... la race méprisée!...

TÉLÉMAQUE, *regardant à gauche.* Ah! sur le chemin du torrent des Lataniers, (*Musique.*) voilà ces dames qui partent...

MUNIER, *relevant la tête.* Quelles dames?

TÉLÉMAQUE. J'avais oublié... Miss Harriett et mademoiselle Sara de Malmédie.

MUNIER, *tressaillant.* Malmédie!...

TÉLÉMAQUE. Elles sont venues pour voir maître.

MUNIER, *étonné.* Moi?
TÉLÉMAQUE. Et visiter la plantation...
MUNIER, *vivement.* Tu les as bien accueillies?
TÉLÉMAQUE. Oh!... très-bien... et elles reviendront.
MUNIER, *avec appréhension.* C'est à l'insu de leur famille qu'elles font cette visite!

Musique. — Aboiements croissants du chien.

TÉLÉMAQUE, *à part.* Mais que ce Fidèle est bête d'aboyer si joyeusement... Je vais le faire taire... ça agace maître.

Il sort. — Les nègres qui travaillaient se sont retirés en silence depuis l'arrivée de Munier.

SCÈNE VII

MUNIER, *puis* GEORGES.

Munier reste silencieux sur le banc. Au fond, paraît Georges. Il s'arrête ému, regarde la maison, entre dans le jardin, voit Munier qui ne l'aperçoit ni ne l'entend. Le chien aboie de plus belle.

GEORGES, *souriant.* Le chien m'a reconnu. (*Après un temps, s'approchant doucement de Munier.*) Pardon, monsieur...
MUNIER, *se tournant et se levant.* Hein? Plaît-il?
GEORGES. N'est-ce pas ici qu'habite M. Pierre Munier?
MUNIER. Oui, monsieur.
GEORGES. Est-ce à lui que j'ai l'honneur de parler?...
MUNIER, *s'inclinant.* A votre service, monsieur.
GEORGES. Monsieur Munier, je viens de France et je vous apporte des nouvelles de vos fils.
MUNIER, *avec un cri.* De mes enfants?... Ah! soyez mille fois le bienvenu! (*Inquiet.*) Car vos nouvelles sont bonnes, n'est-ce pas?
GEORGES. Excellentes.
MUNIER, *avec empressement, lui indiquant le banc.* Ah! monsieur, venez ici, nous serons mieux. (*Lui désignant un siége.*) Et parlez! parlez!
GEORGES, *s'asseyant.* Monsieur, la dernière lettre que j'ai reçue, à Paris, de M. votre fils Jacques...
MUNIER. Jacques!...
GEORGES. Date de trois mois... et elle vous en apprendra plus, dans son style énergique, que je ne pourrais le faire.
MUNIER, *très-ému.* Ah! monsieur...
GEORGES. Voici la lettre.
MUNIER, *se levant.* Sa lettre!... (*Il l'embrasse, puis veut lire.*) Je... je ne vois pas... l'émotion... Ah! lisez, monsieur! lisez vite.
GEORGES, *lisant.* « Mon cher... Tu m'apprends... »
MUNIER, *se rasseyant.* Ah!... il vous tutoie, vous êtes bons amis...
GEORGES. Intimes... (*Lisant.*) « Tu m'apprends que tu quittes Paris pour retourner à l'île Maurice... Tu verras mon père... Eh bien! dis-lui que si je n'ai pas tout à fait... tourné selon son gré... qu'il me le pardonne; (*Mouvement de Munier.*) que si, un an après mon arrivée en France, je me suis embarqué à Brest, comme mousse, sur un corsaire... qu'il me le pardonne encore; que si j'ai fait le diable à quatre dans tous les Océans, qu'il me le pardonne toujours. — Mon excuse est patriotique... Je me suis fait corsaire pour mitrailler les Anglais jusqu'en 1815, et, la guerre terminée, pour la leur continuer comme capitaine négrier. — Tu sais qu'ils défendent la traite. De la sorte, je me trouve l'ennemi des blancs et des noirs. C'est peut-être parce que je suis mulâtre. »
MUNIER. Oui!
GEORGES, *lisant.* « Du reste... mon commerce fait florès... et j'aime la vie entre ciel et mer. La terre, ça m'est trop maigre! J'y aborde pour le commerce... mais pour y vivre? jamais! — Vive l'eau salée! On y meurt crânement, noyé, foudroyé, canonné... ça me sourit... à terre, je serais pendu... ça me déplaît. — Je pars pour l'Afrique recruter une cargaison et si, au retour, il y a possibilité d'accoster l'île... mille tonnerres! j'accoste pour embrasser papa. »
MUNIER. Pour m'embrasser!
GEORGES, *lisant.* « Dis-lui tout ça, toi qui parles bien, en l'assurant que partout, dans ce monde ou dans l'autre, à Dieu ou au diable, son sacripant de garçon restera toujours son Jacques. » Voilà, monsieur Munier... L'essentiel y est. On vous aime et on se porte bien.
MUNIER, *très-ému.* Son Jacques!
GEORGES, *souriant.* Inutile de demander si vous pardonnez?
MUNIER. Oui, oui... Pourquoi m'a-t-on forcé de me séparer de mes enfants! L'injustice sème la violence.
GEORGES. C'est mon avis.
MUNIER. Et maintenant, monsieur, mon autre fils?
GEORGES. Georges?
MUNIER. Vous l'avez aussi connu... et aimé celui-là?
GEORGES, *souriant.* Nous étions inséparables!

Le chien aboie plus fort.

MUNIER, *regardant à gauche.* Ce chien est insupportable!... Vous avez peut-être aussi une lettre de Georges pour moi?
GEORGES, *souriant.* J'ai mieux que ça, monsieur Munier... je vous apporte son portrait.
MUNIER. Son portrait!
GEORGES, *souriant.* Grandeur naturelle.
MUNIER. Ah!... Excusez mon impatience. Laissez-moi vite envoyer à Port-Louis, à votre demeure. (*A Télémaque qui entre.*) Fais atteler pour la ville.
TÉLÉMAQUE. Oui, maître. — Maître, Fidèle est comme un furieux à sa chaîne. Je l'ai fait enfermer.
MUNIER. Tu as bien fait... mais attèle vite...
TÉLÉMAQUE. J'y cours. (*Aboiements du chien.*) Encore ce Fidèle.

Il remonte.

GEORGES, *souriant, et retenant Télémaque en lui frappant sur l'épaule.* Ce qui prouve, mon brave Télémaque, qu'à l'endroit des reconnaissances... un chien peut l'emporter sur le meilleur des pères!
MUNIER, *avec un cri et s'élançant vers lui.* Georges!
GEORGES, *tombant dans ses bras.* Eh! oui!
TÉLÉMAQUE. Mosié Georges!
MUNIER, *ivre de joie.* Mon Georges... c'est toi!... toi!... (*L'embrassant avec transport.*) De retour, enfin!... (*Se reculant.*) Mais regarde-le donc, Télémaque, mon fils! mon fils!
TÉLÉMAQUE, *écarquillant les yeux.* Oh! je le regarde... de toutes mes forces, (*Comme n'osant s'avancer.*) et jeune maître me rendrait bien heureux... si j'osais embrasser... sa main.
GEORGES, *allant à lui.* Mon brave Télémaque!... mieux que ça!...

Il l'embrasse sur la joue.

TÉLÉMAQUE, *ahuri.* Maître a embrassé Télémaque! (*Désignant la place.*) Là... sur sa joue!... (*Avec feu.*) Oh! jamais je me débarbouillerai!
MUNIER. Mais, je ne songe pas que tu dois être brisé de fatigue... par la traversée... ton arrivée ici...
GEORGES, *souriant.* Brisé de fatigue, est-ce que j'en ai l'air?
MUNIER. Non certes!...
GEORGES. Eh bien! je n'en ai pas non plus la chanson. Mon bon Télémaque, apporte-nous seulement des rafraîchissements.
TÉLÉMAQUE, *avec empressement.* Oui... oui... maître. Et je demanderai pardon à Fidèle. Ce n'est pas lui, c'est moi qui étais la bête. Il voulait la reconnaissance. Tenez, depuis qu'on s'est reconnu, il n'aboie plus. (*Sortant.*) Je lui donnerai du sucre.
GEORGES, *riant.* Toujours le même brave homme! (*Tirant un étui à cigares.*) Un cigare parisien, père, et causons, à cœur ouvert... ce qui ne m'est pas arrivé... (*Riant.*) depuis... je ne m'en souviens plus.
TÉLÉMAQUE, *rentrant avec un plateau chargé qu'il dépose sur la table.* Voilà! voilà!... maître.
GEORGES. Merci!
TÉLÉMAQUE. Et je puis aller annoncer aux amis, la bonne nouvelle...
GEORGES. Annonce un ami de la maison, mais pas encore le fils.
TÉLÉMAQUE. Ah!
GEORGES, *à Munier qui l'interroge du regard.* Je vous dirai pourquoi, père.
TÉLÉMAQUE, *remontant.* Un ami... mais on le recevra comme le fils.

Il sort en sautant de joie. — Musique.

SCÈNE VIII

MUNIER, GEORGES.

GEORGES. Eh bien! père, j'ai été enchanté que tu ne m'aies pas reconnu.
MUNIER. Moi, j'en suis tout honteux!
GEORGES. Si, d'emblée, tu m'avais reconnu, il m'était clair que je revenais comme j'étais parti... le petit Georges... et je tiens dorénavant à être le grand Georges.
MUNIER. Et tu y as réussi!
GEORGES. Oui... je crois être quelqu'un. — Au sortir du collége... et, grâce à vous, riche, devenu mon maître, je fis mon inventaire et je me dis : Ceux qui sont fougueux et libres ressemblent aux centaures, à la fois cheval et cavalier... Attention, il ne faut pas que la bête jette l'homme par terre... et je commençai mon métier de dompteur de moi-même. — Je redoutais deux écueils. Le premier... j'étais

joueur. Je ne le suis plus... Le second, la femme!... — Ce fut plus scabreux... il y a du volcan dans nos veines. N'importe! je m'imposai l'épreuve du feu!... comme la salamandre. Je choisis la sirène la plus angéliquement endiablée qui pût faire chanter un corps d'homme et, dans un tête-à-tête de quatre heures à damner saint Antoine, je sortis de l'entrevue comme l'austère Hippolyte... Complet!.. J'en eus une fièvre rentrée!... — Je pris du quinquina.. J'avais dompté mes sens... et je m'en vante...

MUNIER. Mon Georges!...

GEORGES. L'aventure fit son petit tapage!... — J'eus quelques bonnes fortunes que je sus maintenir à l'état de caprices... puis, je voyageai. — J'ai habité Paris, Londres, visité l'Orient, la Grèce, la Turquie, l'Asie Mineure, la Syrie, l'Égypte. Je fis avec Ibrahim-Pacha l'expédition du Saïd... et je reçus de lui un sabre d'honneur. Je revins en France par l'Italie... L'expédition d'Espagne se préparait. Je m'engageai comme volontaire et me distinguai assez pour être mis à l'ordre du jour... et recevoir ce ruban français et cette croix d'Espagne. Plus le titre de comte qui me fut octroyé par le roi Ferdinand VII. (Se levant.) Et, en conscience, cher père, tout cela fut acquis, comme jadis, vous avez enlevé le drapeau anglais... en plein péril!... car j'oubliais de vous dire que, comme chevrons parlants, j'ai quelques blessures bien situées, deux à la poitrine... une à l'épaule. (Riant.) C'est de face... sans être au visage... Ça flatte sans défigurer!...

MUNIER, avec bonheur et fierté. C'est là mon fils!

GEORGES. Oui, père... et vous le dites?...

MUNIER. Avec orgueil!... avec bonheur!

GEORGES. C'est ce que je voulais!... Et, après vous, j'espère bien que toute l'île le répétera... et de façon si haute, que mon retour, ici, déracine à jamais le préjugé qui dédaigne le mulâtre... Croyez-vous que j'y parvienne, père?

MUNIER, secouant la tête. Non, Georges!

GEORGES, se levant. Non! (Avec énergie.) Je ne suis cependant revenu que pour l'obtenir... et je l'obtiendrai... de gré ou de force, à la première occasion.

Musique.

MUNIER. Georges!...

À gauche, cris perçants. — À droite, au fond traversant la scène comme une flèche, Laïza qui disparaît par la gauche. — Munier et Georges se lèvent précipitamment.

MUNIER. Qu'y a-t-il? (Regardant à gauche avec un cri.) Ah! elle est perdue!

Georges a saisi le fusil de Munier, ajuste, tire et s'élance dehors, Munier le suit. — Au fond, à droite, on voit reparaître Antonio suivi de nègres armés. — Il leur donne des instructions pour diriger les uns vers la gauche, les autres vers le bois à droite. — Il sort avec ces derniers, après un geste de menace à l'habitation.

SCÈNE IX

RENTRÉE GÉNÉRALE

MUNIER, GEORGES, MISS HARRIETT, LAIZA portant SARA dans ses bras, TÉLÉMAQUE, NÈGRES, NÉGRESSES.

GEORGES, à miss Harriett, souriant. Rassurez-vous, madame, tout danger est passé.

MUNIER, indiquant le banc à droite sur lequel des noirs ont placé des coussins apportés de l'intérieur. Ici!

Laïza dépose Sara sur le banc et aussitôt regagne le bois, à droite.

GEORGES, à miss Harriett en lui indiquant Sara. Voyez... elle reprend déjà connaissance... en vous souriant.

MISS HARRIETT. Oui, en souriant! (Élevant le bras, courant à Sara.) Dieu vous a traitée comme une reine d'Angleterre! God save the King!.. Te Deum!

GEORGES, ému par la beauté de Sara, à Harriett. Madame, il est naturel que Dieu protège ses anges!

MISS HARRIETT. C'est vrai... surtout quand ils sont à cheval!...

SARA, avec émotion. Miss, après Dieu, remercions aussi...

Elle regarde Georges.

MISS HARRIETT. Monsieur... aoh!... certainement!

GEORGES, regardant autour de lui. Je n'ai pas eu le bonheur d'être seul... Lorsque, en face de l'abîme, votre cheval s'est abattu, il n'était pas mort... Le péril restait grand et, avant notre arrivée, un noir vous avait dégagée.

MISS HARRIETT. Oui... j'ai reconnu un des nôtres... Laïza.

GEORGES, cherchant autour de lui. Un dévoué modeste... Je ne le vois plus.

MISS HARRIETT. Nous le retrouverons.

Télémaque paraît avec un plateau de rafraîchissements.

GEORGES, prenant le plateau et offrant. Mesdames, j'admire avec quelle rapidité vous vous êtes remises d'une terrible émotion.

MISS HARRIETT, avec fierté. C'est l'éducation anglaise qui fait cela, monsieur. (Désignant Sara.) C'est mon élève. — Deux ans de plus et elle ne se serait pas même évanouie. Son caractère est de ma façon...

GEORGES. Je vous en félicite...

HARRIETT. Simplicité dans les paroles, grandeur dans les actions... Voilà mon enseignement.

GEORGES. C'est le meilleur.

MISS HARRIETT. Et c'est pour cela, qu'aujourd'hui, j'étais venue chez vous, monsieur Munier.

MUNIER. À vos ordres, miss.

MISS HARRIETT. J'ai voulu montrer à Sara... ce qui n'est pas chez nous... une plantation où le maître est chéri des serviteurs...

GEORGES, à qui Télémaque vient de parler bas. Madame, si tel est votre but... vous allez être servie à souhait... Télémaque m'apprend que les noirs de l'habitation désirent venir saluer (Désignant Munier.) leur maître et ses visiteurs.

MISS HARRIETT. Aoh!... charmant!

SARA. Oh! oui!...

MUNIER, inquiet, après un coup d'œil à l'extérieur. Mesdames, ne craignez-vous pas .. une joie un peu trop bruyante?

MISS HARRIETT et SARA. Oh! non!

MISS HARRIETT, cherchant des yeux. Où donc a passé ce Bijou qui nous accompagnait?...

MUNIER, à part. Je crains de le deviner.

Musique.

GEORGES, courtoisement. Mesdames, puisque vous souriez à la joie de ces braves gens, la petite fête va commencer.

Il fait signe à Télémaque.

MISS HARRIETT, charmée du ton de Georges, à part. Tout à fait gentleman, ce monsieur...

Télémaque court au fond, frappe dans ses mains, et, de la gauche, en costumes bariolés, s'avancent les groupes de nègres, négresses, négrillons, tambourin et fifre en tête... Ils portent des fleurs, des fruits, comme présents de bienvenue. Quelques vieillards à cheveux blancs s'approchent de Georges et chantonnent d'une voix chevrotante.

Nous, nous sommes des vieillards,
Mais ne craignons pas d'en être...
Car on gardera nos parts
Dans la maison du bon maître!
Jour
Du retour,
Bon jour!

LES JEUNES GENS.

Nous sommes les jeunes gens,
Dont le cœur n'est jamais traître,
Car ils sont toujours contents
Dans la maison du bon maître!

CHŒUR.

Jour,
Été.

LES NÉGRILLONS.

C'est nous, les petits enfants...
Nous sommes heureux de naître,
Car on nous est souriants
Dans la maison du bon maître!

CHŒUR.

Jour
Du retour,
Bon jour!

Ballet des enfants.

GEORGES, ému. Merci, mes enfants!

MISS HARRIETT, enthousiasmée. Aoh! bravo! (Allant à Munier.) Monsieur Munier, vous avez infiniment mon estime. (Désignant les nègres.) Vous avez produit là un chef-d'œuvre!... Des noirs qui chantent des blancs! (Donnant de l'argent à Télémaque.) Télémaque, voilà pour des bonbons à tous ces petits moricauds-là.

TÉLÉMAQUE. Merci, madame.

SARA, offrant sa bourse à Munier. Puis-je aussi vous prier, monsieur, d'accepter mon offrande pour les femmes et les vieillards?

MUNIER. Merci, pour eux, mademoiselle.

GEORGES, aux nègres. Mes amis... comme présent de bienvenue... et, aussi en l'honneur de ces nobles dames,... je demande pour vous trois jours de repos et de fête.

MUNIER. Trois jours, mes enfants.

TÉLÉMAQUE et LES NÈGRES. Vivent les bons maîtres!

Les noirs se retirent sur le refrain.

Jour
Du retour,
Bon jour!

SCÈNE X

LES PRÉCÉDENTS, *Paraissent au fond à droite*, LES DE MALMÉDIE, PÈRE et FILS, *guidés par* BIJOU *qui leur désigne l'habitation.*

MUNIER, *qui les a vus, à part.* Voilà ce que je redoutais!

Les Malmédie franchissent la grille. — Ils entrent le chapeau sur la tête, sans regarder Munier ni Georges.

DE MALMÉDIE, *vivement à miss Harriett.* Miss Harriett, je suis l'oncle et le tuteur de mademoiselle de Malmédie... Vous connaissez assez nos idées pour que votre présence ici soit sans excuse. (*Miss Harriett, calme, dédaigneuse, sans tourner la tête, ne répond pas.*) M'entendez-vous, miss?

SARA. Mon oncle!

MISS HARRIETT, *avec un geste amical à Sara et avec dégoût à Malmédie.* Monsieur, vous avez des esclaves noirs et jaunes que vous avez dressés à votre guise..., (*Désignant Bijou.*) A l'espionnage, entre autres; vous leur parlez comme bon vous semble... mais moi... je suis une dame blanche de la libre Angleterre... et vous l'oubliez trop, vous et votre chapeau!...

Elle lui tourne le dos.

MALMÉDIE, *avec intention, se découvrant ainsi que son fils.* Ce n'est pas pour vous que nous restons couverts. (*Miss Harriett et Sara tressaillent en sentant l'injure. Miss Harriett regarde Sara comme pour lui dire : Répondez!*)

SARA, *allant à Malmédie.* Monsieur, vous ne savez pas qui vous insultez... Il y a une heure... j'ai, ici, couru danger de mort.

HENRI et MALMÉDIE. Vous, Sara?

SARA. Mon cheval furieux m'emportait vers le torrent lorsque, à quelques pas de l'abîme... il tomba frappé d'une balle. (*Désignant Georges.*) Monsieur est mon sauveur...

HENRI. Ah!

MALMÉDIE, *à Georges.* Vous, monsieur!

GEORGES, *froidement.* Messieurs, je vous tiens quittes de toute reconnaissance, d'autant plus que, comme je l'avais déjà reconnu, un de vos noirs s'est montré aussi secourable que moi...

HENRI, *avec joie.* Ah!

MALMÉDIE. Et lequel?

Musique.

GEORGES, *désignant Laïza, les mains liées, qui s'élance à droite, poursuivi par Antonio et d'autres nègres armés.* Celui-ci...

LES MALMÉDIE, *regardant Sara et Harriett.* Laïza?

SARA et HARRIETT. Oui.

SCÈNE XI

LES PRÉCÉDENTS, ANTONIO, LAÏZA, NAZIM, *les mains garrottées, entouré de nègres.*

LAÏZA, *s'avançant vers Malmédie.* Maître,... écoute-moi...

MALMÉDIE, *à Antonio.* Qu'y-a-t-il?

ANTONIO. J'ai repris Laïza et Nazim, cachés près de la rivière... en fuite, depuis ce matin.

MALMÉDIE, *à Laïza.* Est-ce vrai?

LAÏZA. Oui.

ANTONIO. Et je les emmenais pour leur donner les cinquante coups de corde...

MALMÉDIE, *à Laïza.* De règlement... Que veux-tu?

LAÏZA. J'ai voulu te parler, maître,... pour que la peine de Nazim, qui est jeune et faible, soit soufferte par Laïza qui est grand et fort.

Mouvement de Sara.

MALMÉDIE, *à Laïza.* Voilà tout?

LAÏZA. Oui, maître... car c'est ma faute si Nazim a été repris.

MALMÉDIE. Comment?

LAÏZA. J'ai vu maîtresse en danger... J'ai oublié Nazim... pour m'élancer...

HENRI. Et la sauver...

LAÏZA, *désignant Georges.* Celui-ci a sauvé plus que Laïza. Il a frappé le cheval vivant...

HENRI, *vivement.* Oui, mais se débattant furieux sur maîtresse que tu as dégagée... Ce danger-là, ma cousine, restait immense.

MALMÉDIE. En effet...

HENRI, *à Sara.* Pour moi, tout en remerciant monsieur de son heureux coup de feu... qui, cependant risquait de vous atteindre... c'est ce noir qui vous a sauvée, cousine, et nous lui ferons grâce ainsi qu'à Nazim.

ANTONIO, *à part, grognant.* Ah!

SARA. Bien, Henri...

HENRI, *à Antonio, et désignant les nègres.* Déliez-les... et allez...

SARA, *aux noirs.* Laïza! Nazim!... Je me souviendrai de vous.

Laïza tressaille et remonte rejoindre Nazim, immobile et consterné. Antonio les délie et sort avec eux.

SCÈNE XII

MALMÉDIE, HENRI, MUNIER, GEORGES, SARA, MISS HARRIETT.

HENRI, *à part, avec dédain, à son père, désignant Georges.* Prenons congé... du demi-sauveur... mais de l'autre...

MALMÉDIE, *allant à Georges et affectant de ne s'adresser qu'à lui.* Monsieur, avec tous nos remerciements, veuillez bien recevoir nos salutations...

GEORGES, *avec un signe de tête.* Messieurs...

HENRI, *saluant dédaigneusement, et s'adressant à Sara.* Mesdames,... à vos ordres...

SARA, *allant vers les Munier dans le sentiment de la réparation.* Messieurs, je vous remercie de votre accueil... (*A Georges.*) et de l'existence que je vous dois. — Messieurs... s'il vous plaisait de venir à la ville, nous serons toujours honorés de vous y recevoir?

MISS HARRIETT. Bien, Sara.

GEORGES, *s'inclinant.* Merci, mesdames...

HENRI, *à part.* Les leçons de miss Don Quichotte!

Sortie des Malmédie, de Sara et de miss Harriett.

SCÈNE XIII

MUNIER, GEORGES.

Durant la scène précédente, chacun des Munier, selon son caractère, s'est tu... Munier en résigné d'habitude, mais anxieux pour Georges; Georges, en dompteur de lui-même. A un moment, il a crispé sur sa poitrine sa main droite sous le revers de son vêtement. — Seuls, il se fait un sombre silence. — Munier semblant craindre de regarder son fils.

MUNIER. Que te disais-je?... Toujours des mulâtres!

GEORGES, *sourdement.* C'est vrai!

MUNIER. Je te remercie...

GEORGES, *le regardant.* Pourquoi?

MUNIER. De ton calme devant eux...

GEORGES. Mon calme! (*Éclatant.*) Regardez!...

Il arrache à deux mains les revers de son vêtement et découvre son gilet blanc, déchiré et rouge de sang.

MUNIER, *courant à lui.* Georges!

GEORGES. Ce n'est rien... mes ongles dans la chair... pour ne pas rugir trop tôt...

MUNIER. Tu m'effrayes!

GEORGES, *vivement.* Non... soyez content... — Je cherchais l'occasion de la lutte... j'ai trouvé!...

ACTE TROISIÈME

TROISIÈME TABLEAU

L'AMOUR D'UN NÈGRE

Deux corps de bâtiment séparés par une cour, au fond par un mur derrière lequel des faîtes d'arbres. — A gauche, intérieur visible du pavillon d'habitation de Sara et de miss Harriett. — Une table avec un pot de fleur rare. — Porte au fond, deux autres, à gauche, chambres de miss Harriett et de Sara. Fenêtre, à droite, donnant sur la cour. — Dans la cour, un grand arbre; à droite; au pied un banc de pierre. — Au lever du rideau, commencement de l'orage; quelques éclairs.

SCÈNE PREMIÈRE

MALMÉDIE, ANTONIO, NÈGRES, dans la cour. — Mouvement de noirs rentrant des cabanes de Laura, à droite.

MALMÉDIE. Dépêchons!.., dépêchons! avant que l'orage n'éclate. (Désignant l'arbre.) Et que personne surtout n'aille s'abriter sous cet arbre-là. (A Antonio.) Un noir foudroyé... c'est mille piastres en cendres!

ANTONIO. Soyez tranquille, maître... ils se nicheront dans leurs cases. (Cinglant de son fouet deux noirs qui se parlent par signes.) Mais ne bavardez donc pas, les deux muets!

Mouvement de menace des noirs à Antonio.

ANTONIO, levant le fouet de nouveau. Eh bien?...

MALMÉDIE. Qu'est-ce qu'il y a?..

ANTONIO, désignant les noirs qui sont renvoyés. Ce sont ces deux noirauds qui n'ont pas encore digéré... leur poire!... Ils font des gestes!

MALMÉDIE. Viens faire un tour aux écuries...

Il sort avec Antonio et les noirs par le fond, à droite.

SCÈNE II

Dans le pavillon, à gauche, SARA, MISS HARRIETT, puis HENRI, LAIZA.

Sara, assise à gauche de la table, lisant. — Miss Harriett, occupée à un ouvrage de tapisserie, observe Sara.

SARA, se levant tout à coup et jetant son livre. Ah! ce livre me crispe!..

MISS HARRIETT. Ce n'est pas le livre... c'est le temps orageux.

Neuf heures sonnent.

SARA, tressaillant. Quelle heure est-il?

HARRIETT. Neuf heures...

On frappe à la porte du fond.

SARA, désignant la porte du fond. Miss, est-ce qu'on n'a pas frappé à cette porte qui donne sur les jardins?

HARRIETT, se levant. Oui... il m'a semblé...

HENRI, du dehors. Ouvrez, c'est moi, Henri...

SARA, tressaillant. Henri! pourquoi vient-il par là?

HENRI. Mais ouvrez donc.

Harriett ouvre.

HENRI, entrant. Je vous demande pardon d'arriver par cette porte des jardins... comme une surprise...

SARA. Ou comme une frayeur...

HENRI, souriant. Elle se dissipera devant mes excuses. (Allant à la porte.) Entre, Laïza.

Paraît Laïza, porteur d'un grand coffret que, sur un signe d'Henri, il dépose sur un siège près de la table.

SARA, avec un sourire bienveillant. Bonjour, Laïza.

Laïza tressaille et s'incline silencieusement. — Mouvement de colère d'Henri.

HENRI. Sara,.. c'est ta corbeille de mariage.

SARA, tressaillant. Ah!

HARRIETT. Déjà.

HENRI. Je ne l'attendais que pour demain... Je suis allé la chercher au port. Et tu sais qu'elle vient de Paris, la ville des merveilles!... La frayeur est-elle passée? (Sara ne répond pas, et voyant Henri effleurer sans mégarde le vase à fleurs qui est sur la table.) Ah! prends garde!...

HENRI. A quoi?

SARA. A cette fleur... à laquelle je tiens beaucoup...

HENRI, souriant. S'inquiéter d'une fleur devant ce que j'apporte! (Il ouvre le coffret.) Tu vas voir.

LAÏZA, sourdement. Maître n'a plus besoin de moi?

HENRI, durement. Si, reste. (Regardant Sara immobile et allant la prendre par la main.) Mais viens donc... et vous aussi, miss..

Harriett approche lentement.

HENRI, tendant un cachemire plié à Laïza, et grossièrement. Déploie ce cachemire.

Laïza obéit

SARA. Tu ne peux pas le lui dire poliment?..

HENRI, sans répondre. Qu'en dites-vous?...

SARA, préoccupée. Oui, cousin, il est beau...

HENRI. Beau! merveilleux, n'est-ce pas, miss?

HARRIETT, sèchement. Le cachemire... merveilleux... vient ordinairement des Indes anglaises.

HENRI, souriant ironiquement. A votre avis, miss Harriett. (Tendant un châle de dentelle à Laïza.) Déplie...

Laïza obéit.

SARA, avec bonté. Laïza..., aie la complaisance de déplier...

HENRI, avec crispation. Voyez ce châle de dentelles...

SARA, froidement. Ravissant... (Souriant au nègre.) Merci, mon bon Laïza.

HENRI, à Harriett. Excusez-le, miss... de ne pas venir de London. Il n'est que d'Alençon.

HARRIETT. Alençon ne m'intimide pas. London, pour la dentelle, a des doigts de fée.

HENRI, embrassant la main de Sara. Je préfère ceux des Françaises, moi, et tu es une petite ingrate, Sara! (Sara le regarde.) Comment, en retour de ces trésors d'élégance, pas un sourire, un cri de surprise, un baiser même... (Mouvement de Laïza, — Tressaillement de Sara.) entre cousins, qui seront mariés dans huit jours?...

Il lui embrasse de nouveau la main.

HARRIETT, agacée. Monsieur Henri, est-il toujours nécessaire que Laïza soit présent?

HENRI. Oui. (Allant à Harriett et à mi-voix de manière à être entendu du nègre.) Vous savez, miss, qu'avec les noirs je suis de l'école de cette grande dame qui se baignait devant son domestique... qui, pour elle, n'était pas quelqu'un!

Mouvement de Laïza.

HARRIETT, avec un soubresaut. Aoh! votre grande dame était une toute petite!

HENRI, plaçant sous les yeux de Sara restée pensive un écrin ouvert. Et cela... me vaudra-t-il un sourire enfin?

SARA, avec contrainte. D'admirables diamants.

HENRI, avec emportement. Et voilà tout! (Un coup de vent ouvre la porte du fond. — Avec colère à Laïza.) Mais ferme donc cette porte, grande brute.

Laïza obéit. — Mouvement de miss Harriett.

SARA, à Laïza. Merci, mon ami. Et ton frère Nazim veut-il toujours nous quitter?..

LAÏZA, s'inclinant. Maîtresse...

HENRI, interrompant brutalement. Mais, Sara, je crois que tu t'occupes plus de la manière dont je parle... (Désignant le nègre.) avec ça!... que de mes présents. — Tu ne m'aimes donc pas.. moi... moi qui t'adore... et qui ai le droit de te le dire?

SARA, comme malgré elle. Pas encore...

MISS HARRIETT. Non, pas encore...

HENRI. Miss Harriett!

HARRIETT. Je vais faire le thé.

Elle va vers le guéridon à droite, où se trouve un plateau garni de ce qu'il faut pour le thé.

HENRI, brusquement à Laïza. Allons, remets tout en place et porte chez mon père. (Embrassant Sara sur le front, passionnément.) Ah! si je ne t'aimais pas quand même... je te détesterais pour ton accueil boudeur.

Geste de Harriett. — Laïza a tout suivi furtivement des yeux dans une glace.

HENRI s'en aperçoit, tressaille de colère, puis éclatant de rire. Je crois que le nègre se mire!... Il a tous les courages, ce garçon... il se regarde sans reculer.

SARA, indignée. Ah! (Allant vers la table et désignant la fleur.) Henri, tu vois cette fleur... C'est la plus belle et celle que je préfère... Tu me l'as demandée?

HENRI Et tu me l'as refusée.

SARA, cueillant la fleur et la présentant à Laïza. Tiens, Laïza.

Laïza tressaille et accepte silencieusement.

HARRIETT, à part. Bien.

HENRI. Sara!

SARA, avec énergie. Je me souviendrai toujours du dévouement de Laïza.. et toutes les fois qu'on l'humiliera devant moi... je me souviendrai davantage.

HARRIETT, à part. Très-bien.

SARA, à Laïza. Et ne crains rien. (A Henri.) Le maltraiter... serait me frapper.

HENRI, désignant brusquement le coffret au nègre. Emporte. (Saluant sèchement.) Bonne nuit, mesdames.

Musique. — Il sort avec Laïza, porteur du coffret, par la porte du fond.

SCÈNE III

(Dans le pavillon.)

SARA, MISS HARRIETT.

HARRIETT allant serrer la main de Sara. Bien... très-bien.

SARA. Je suis pâle, n'est-ce pas?

HARRIETT. Oui.

SARA. C'est son baiser!... Et il dit que dans huit jours... (Suppliante.) Ah!... sauvez-moi.

HARRIETT, tout en continuant son thé. Mais certainement que je vous sauverai! (Sara la regarde.) Ce matin, je suis allée voir mon noble compatriote, le gouverneur de l'île, milord Murrey.

SARA. Pourquoi?

HARRIETT. Pour m'enquérir de M. Georges Munier. (Mouvement de Sara.) Et savez-vous ce que le gouverneur m'a répondu?

SARA. Dites...

HARRIETT. « J'aurais une fille que je m'honorerais d'avoir M. Georges Munier pour gendre. »

SARA, avec joie. Il a dit cela!

HARRIETT. Et il a ajouté : « Car il est le vrai gentilhomme, celui-là. — Il est son propre ancêtre. » — (Lui tendant la tasse.) Voilà votre thé.

SARA, avec une exclamation de joie et de remords. Et... j'ai pu un instant manquer de confiance en vous!

HARRIETT, sa tasse à la main. Vous avez manqué?...

SARA. Ce matin... j'ai trouvé sur ma table... une lettre.

HARRIETT. De M. Georges Munier.

SARA, la lui tendant. Oui, lisez, lisez...

HARRIETT. Lisez, mon enfant... Je bois mon thé!...

Elle boit une gorgée.

SARA, lisant, très-émue. « Sara, je vous aime... »

HARRIETT. On sait tout de suite à quoi s'en tenir... Après.

SARA, lisant. « Vous le savez, il y a dans la vie de ces positions exceptionnelles où toutes les conventions de la société disparaissent... »

HARRIETT, remettant un morceau de sucre dans sa tasse. C'est la vérité.

SARA, lisant. « M'aimez-vous? »

HARRIETT, la regardant tout en remuant son thé avec la cuillère. Continuez.

SARA, lisant. « Je sais que M. Henri de Malmédie hâte le jour de son mariage. Vous êtes encore libre, Sara. Prononcez entre nous. Votre arrêt me sera aussi sacré que le serait un ordre de ma mère. »

HARRIETT, approuvant. Bien dit, cela.

SARA, avec joie, lisant. « Ce soir, à dix heures, une lumière à la fenêtre qui donne sur les grands jardins et je serai au pavillon pour recevoir... »

Elle s'arrête.

HARRIETT, achevant et reposant sa tasse. « Votre réponse. »

SARA, anxieuse et la regardant. Oui?

HARRIETT. Eh bien, ma chère enfant, cette lettre, ce matin, m'a été adressée dans une autre pour moi.

SARA. Ah!

HARRIETT. J'ai lu... je suis allée voir le gouverneur... et, au retour, j'ai déposé ceci sur votre table. — J'ai attendu et il est arrivé ce que j'ai pensé... Vous avez trouvé, lu... et à dix heures...

SARA, anxieuse. A dix heures?...

HARRIETT, avec bonté. Ayez confiance.

SARA, lui tendant sa main. Ah! miss Harriett... si je n'étais pas Française... je voudrais être Anglaise!

HARRIETT, gravement. Chez nous... on dit encore mieux. Si je n'étais pas Anglaise... je voudrais l'être.

La demie sonne.

SARA. Neuf heures et demie! (L'orage augmente.) Écoutez, miss.

HARRIETT. Oui. — C'est une tempête qui a mal choisi sa soirée.

SARA. Si M. Munier traverse les grands bois... il y a danger?...

HARRIETT. C'est vrai...

SARA, désignant la porte à gauche. Miss... je vais dans ma chambre... prier.

HARRIETT. Allez... Moi je lirai la Bible en attendant... Dans le péril... c'est Dieu qui est au gouvernail.

SARA, rassurant. Oui, et Dieu ne peut manquer de protéger.

HARRIETT, souriant. Notre protégé...

SARA, naïvement. N'est-ce pas?

Elle entre dans sa chambre.

HARRIETT, la suivant des yeux. Chère enfant!... Si toi tu ne lui étais pas agréable qui donc le réjouirait! (Regardant la tasse.) Elle n'a pas bu son thé.

Elle revient vers la table prendre une Bible et se met gravement à lire.

SCÈNE IV

(Dans la cour.)

Laïza est venu par le fond à droite, silencieux, morne, au milieu d'éclairs et de grondements d'orage.

LAÏZA. Race noire! Race maudite! Tous te méprisent... et quand ce n'est plus la corde qui fouette... c'est la parole! — Comme il m'a parlé devant elle! — Honte! Désespoir me dévorent!

Dix heures sonnent. — Musique. Il s'assied sur le banc, abîmé dans ses pensées.

SCÈNE V

(Dans le pavillon.)

Au premier coup de l'heure, miss Harriett s'est levée et Sara a paru sur le seuil de sa porte. — Elles se regardent dans une même pensée.

SARA. Dix heures?

HARRIETT, allant à elle. Mon enfant, dans toutes les actions graves, avant d'agir, j'interroge ma conscience qui est le guide infaillible. — J'ai interrogé ma conscience.

SARA. Eh bien?...

Musique. — Miss Harriett prend la lampe et va la placer près de la fenêtre. — La tempête éclate dans toute sa force. — Pause d'anxieuse attente.

SARA, tressaillant. On a frappé!

Miss Harriett va ouvrir au fond. — Paraît Georges, couvert d'un manteau qu'il rejette en entrant.

SCÈNE VI

LES MÊMES, GEORGES.

GEORGES, tombant à genoux à quelque distance de Sara. Vous avez cru en moi! — Oh! oui, c'est à genoux que j'ose vous redire : Je vous aime!

Mouvement de Sara.

GEORGES, se relevant et allant à miss Harriett. Et à vous, madame, merci et honneur... à vous qui, gardienne de cette jeune fille, m'avez placé si haut dans votre estime... que vous avez permis ma venue.

HARRIETT, le regardant en face. Oui, monsieur, j'ai confiance en vous.

GEORGES, même jeu. Vous faites bien. — Sara, la tendresse que je vous porte... j'en suis heureux et fier comme d'une gloire bien acquise. — J'ai beaucoup vécu en peu d'années, non de l'existence qui altère mais de celle qui élève et fortifie. Il ne m'appartient pas de vous exalter mon quelque mérite, mais ce que je puis... ce que je dois vous apprendre... c'est qu'en fait d'honneur... je marche tête haute parmi les purs... C'est que partout j'ai conquis le respect de tous... et l'amitié d'un grand nombre... Pourquoi? Parce que je crois posséder deux qualités... un cœur qui aime le juste... un caractère qui le demande et l'obtient.

Mouvement d'émotion de Sara.

HARRIETT, avec énergie. Aoh! oui! — Cœur et caractère... voilà ce qu'il faut pour un homme...

GEORGES. Et vous, Sara, êtes-vous ainsi?

HARRIETT et SARA. Oui.

GEORGES. Alors, à nous deux, la tâche serait belle... — Vous le savez, sur cent mille habitants de cette île... quatre-vingt mille, noirs et mulâtres, sont des condamnés. — C'est un peuple à sauver. Je me suis donné cette mission... — Voulez-vous m'aider?

SARA. Oui.

GEORGES, avec enthousiasme. Oui. — Ah! maintenant la délivrance est certaine!... Seul... j'aurais lutté, triomphé, mais peut-être par la violence, tandis qu'avec vous... ce sera la victoire sans larmes... l'arc-en-ciel sans l'orage! Oh! oui, Sara, notre amour est grand et sera béni. Il est formé de dévouement. (Gravement.) Mademoiselle Sara de Malmédie, demain, puis-je venir vous offrir mon nom?

SARA, avec élan et lui tendant la main. Venez!

HARRIETT. Oui... venez...

GEORGES porte respectueusement à ses lèvres la main de Sara, puis avec enthousiasme. Ah! je suis heureux de vivre! (Reprenant son manteau, sur le seuil, au fond.) Au revoir!... — A demain.

Il sort.

SCÈNE VII

SARA, immobile d'émotion. MISS HARRIETT.

HARRIETT, allant à elle en souriant. Eh bien?

SARA. Ah! je suis heureuse!

HARRIETT. C'est ainsi après les bonnes actions. — Maintenant, mon enfant, allez vous reposer, afin que j'y aille aussi.

SARA, avant d'entrer dans sa chambre, se retourne et revenant l'embrasser. Oh! oui!... bien heureuse!

HARRIETT. C'est ce qu'il faut. — Bonne nuit, mon enfant. (Elle ferme la porte sur Sara, et allant prendre la lampe, va vers sa chambre et *avant d'entrer.)* Il est bien certain que si, à l'âge de Sara, j'avais rencontré... *(Désignant la porte du fond.)* un semblable cavalier... je ne serais pas devenue une vieille miss.

Elle entre dans sa chambre.

SCÈNE VIII

(Dans la cour.)

LAIZA, *spectateur de la scène précédente.*

A l'entrée de Georges, le nègre s'est levé et glissé en observation à la fenêtre du pavillon. — Il épie ardemment et comme écrasé sous l'accablement qu'il éprouve, il s'affaisse sur ses genoux et, quand Georges rayonnant, embrasse la main de Sara, il tombe brisé avec un sourd murmure. Georges parti, en proie à l'angoisse jalouse, le nègre se relève chancelant et retourne à la fenêtre d'où il revoit Sara entrer rêveuse dans sa chambre. — Il porte ses mains à la tête comme pour maîtriser le tourbillon qui s'est déchaîné en lui.

Ah! pauvre Laiza! Tu croyais souffrir... quand l'autre... le jeune maître, lui disait qu'il l'aimait... mais elle ne répondait pas! et si écrasé que j'étais... je disais au fond de moi : Elle ne l'aime pas!.. —Mais... cette fois... ce nouveau .. celui-ci... qui est venu, seul, sans diamants, celui-là... elle l'aime! *(Sourdement.)* Elle l'aime!... Je l'ai vu dans ses yeux... dans son silence!... il est parti en emportant son amour! son amour! et il reviendra... J'ai tout vu! *(Comme se rappelant.)* Mais pourquoi Laiza n'a-t-il pas bondi sur celui-là?... pourquoi ne l'a-t-il pas broyé et apporté mort à M. Henri? Je pouvais faire cela! — Le jeune maître aurait tout donné à Laiza... or et liberté! — Pourquoi ne l'ai-je pas fait? Pourquoi? *(Avec égarement.)* Je ne veux pas le savoir! *(Repris de fureur jalouse.)* Ce que je sais... c'est que je souffre trop... trop. *(Tonnerre, éclairs et coups de foudre précipités. — Comme fou et regardant le ciel en feu.)* Ah! voilà le ciel rouge! — C'est le feu qui tue!... La mort est dans l'air, qui cherche!... *(Désignant l'arbre.)* On dit que la foudre aime les grands arbres. Eh bien!... me voilà! *(Courant s'y placer sous le tronc.)* A moi la foudre! — Viens, mais viens donc!

La foudre éclate. — L'arbre frappé tombe, et Laiza reste debout, immobile, comme une statue de marbre noir.

SCÈNE IX

LAIZA, NAZIM, *venant du fond.*

NAZIM, *appelant.* Laiza! Laiza!

LAÏZA, *tressaillant.* Je suis vivant! *(Courant, hors de lui, à son frère.)* Nazim, tu m'as dit une fois : Mourons ensemble, en bons frères. Je te frapperai d'un couteau, je me jetterai dans tes bras, et, en mourant, tu m'étoufferas sur ton cœur! *(Lui tendant un couteau et ouvrant les bras.)* Tiens, frappe et mourons ainsi.

NAZIM, *saisissant l'arme et d'une voix haletante.* Écoute d'abord. Je viens de Port-Louis. — J'ai rencontré des noirs venus du pays, ils m'ont parlé de notre père, de notre sœur et de celle que j'aime!...

LAÏZA. Ils vivent?

NAZIM. Ils ont été pris, vendus, et ils sont morts! *(Tendant le couteau.)* Devons-nous mourir?

LAÏZA, *complètement changé et repoussant l'arme.* Non.

NAZIM. Non?

LAÏZA. Car maintenant patrie et famille s'appellent...

LES DEUX FRÈRES. Vengeance!...

Crescendo de la tempête.

QUATRIÈME TABLEAU

LA PROVOCATION

Salon des Malmédie.

Trois portes au fond, les deux, à droite et à gauche, ayant des tentures. — Sont exposés sur la table et les sièges, les étoffes, cachemires, diamants de la corbeille. Porte à gauche. — Au fond, perspective des jardins.

SCÈNE PREMIÈRE

MALMÉDIE *père, puis* **HENRI.**

MALMÉDIE *entre joyeux par la porte à gauche, un cigare à la bouche, le teint coloré.* Ce diable d'Henri avait, ma foi, raison! La femme, c'est comme votre ombre... courez après, elle fuit... Fuyez... elle court après... *(Lançant une bouffée de fumée.)* Mon fils tient de François Ier.

Chantant :

Souvent femme varie...

Il s'assied sur le canapé à droite.

HENRI, *en costume de cavalier, entrant, au fond, cravache en main, et continuant l'air :*

Bien fol est qui s'y fie!...

MALMÉDIE. Eh bien!... c'est allé comme tu le pensais?... Sara joue un petit jeu de coquetterie!

HENRI, *s'asseyant près de son père.* Contez-moi ça, père?

MALMÉDIE. Ce matin, au déjeuner, ces dames s'attendaient à nous voir apparaître ensemble, graves et boudeurs, au sujet de la petite brouille d'hier soir. J'arrive seul et, d'un air jovial, j'excuse ton absence, sous le prétexte que tu m'avais recommandé...

HENRI. L'organisation d'une promenade à cheval...

MALMÉDIE. Cette après-midi. — Je jette, en badinant, la conversation sur la petite déception dans l'offre de tes cadeaux...

HENRI. Très-bien!

MALMÉDIE. Je parle, comme d'une chose toute naturelle, de l'inconvénient des unions projetées à l'avance.

HENRI. Parfait!

MALMÉDIE. Je continue en plaisantant sur l'exhibition de cette corbeille... en disponibilité, qui va nous attirer la visite...

HENRI. De toute la ville.

MALMÉDIE. Bref... je suis certain, qu'au fond, Sara est agacée.. et quand elle verra tout cela briller au grand jour... surtout les diamants... je te réponds du retour de ses sourires de fiancée.

BIJOU, *annonçant.* Mesdames Desormeaux, M. de la Tour.

HENRI, *riant et se levant.* Le pèlerinage à la corbeille qui commence.

SCÈNE II

MALMÉDIE, HENRI, MADAME DESORMEAUX, EUDOXIE, CLARA, DE LA TOUR, *précieux et précieuses.* **TOUTOU**, *au fond, négrillon, en livrée éclatante, avec grand chapeau garni de ganses et d'une cocarde.*

MADAME DESORMEAUX, *entrant en courant avec Eudoxie et Clara, à Malmédie.* Nous accourons, mon vieil ami. *(S'immobilisant toutes les trois, devant la table.)* Ah! que c'est beau!

EUDOXIE. Ravissant!

CLARA. Splendide!

MADAME DESORMEAUX, *appelant.* Toutou.

Toutou accourt. Elle lui tend son ombrelle.

EUDOXIE et CLARA, *même jeu.* Toutou!

MADAME DESORMEAUX, *tendant une main à Malmédie sans cesser de contempler la table.* Bonjour, Malmédie. *(Tendant l'autre main à Henri.)* Bonjour, Henri.

Eudoxie et Clara saluent langoureusement.

HENRI, *s'inclinant.* Madame, mesdemoiselles...

MADAME DESORMEAUX. Il n'y a qu'à Paris, qu'à Paris, pour trouver les merveilles! — Eudoxie, Clara, monsieur de La Tour... regardez donc!

CLARA. Ravissant!

EUDOXIE. Splendide!

DE LA TOUR, *mettant un monocle qui retombe constamment.* Premier choix!

Les Malmédie se les désignent.

MADAME DESORMEAUX, *à Malmédie.* Vous entendez, mon vieil ami?

MALMÉDIE. Très-bien!

MADAME DESORMEAUX, *appelant.* Toutou! *(Elle lui remet son petit sac en réticule, à la mode du temps, puis touchant un cachemire.)* Quel tissu moelleux!...

CLARA, *touchant.* On frissonne au toucher.

EUDOXIE, *touchant aussi.* Au simple toucher!

MADAME DESORMEAUX, *touchant de nouveau.* Mais... positivement.

MALMÉDIE. Vous êtes si impressionnable!

MADAME DESORMEAUX. C'est vrai. *(Prenant et jetant le cachemire sur ses épaules.)* Malmédie, il faut que je m'y drape, m'y drape, une seconde!

MALMÉDIE. Drapez-vous, drapez-vous!

DE LA TOUR, *riant et mettant son monocle, à part.* Pour frissonner de la tête aux pieds.

MADAME DESORMEAUX, *se, vieux, se cambrant.* On m'a toujours dit que mes épaules portaient admirablement le Thibet. (Saisissant le châle de dentelle.) Clara, essaie donc ce châle de dentelle.

CLARA, le prend. Oh! je veux bien, maman. (Appelant.) Toutou!

Il accourt. Elle lui remet son mouchoir.

HENRI, déployant le châle. Voulez-vous permettre, mademoiselle?

CLARA, minaudant. Ah! vous êtes bien bon, monsieur Henri!

MADAME DESORMEAUX, désignant à Malmédie Henri mettant le châle à sa fille. Malmédie, c'est beau la jeunesse, la jeunesse!

MALMÉDIE. Charmant!

MADAME DESORMEAUX. Dire qu'il y a trente ans, nous étions ainsi, ainsi, mon vieil ami!

MALMÉDIE. Même mieux.

MADAME DESORMEAUX. N'est-ce pas? Eh bien, moi... j'ai conservé toute la fraîcheur d'impression du jeune âge.

MALMÉDIE, à part. Intérieurement.

MADAME DESORMEAUX. C'est que, voyez-vous, Malmédie, le cœur ne vieillit pas.

MALMÉDIE, riant. J'aimerais mieux que ce fût la peau!

MADAME DESORMEAUX, lui donnant une petite tape. Oh! le gros matérialiste! (Désignant Clara drapée dans le châle.) Mais c'est qu'elle est charmante ainsi dans la dentelle, ma Clara...

MALMÉDIE. Oui, oui.

DE LA TOUR, lorgnant. Adorable!...

EUDOXIE, près de la table, portant un flacon à son nez. Ah! quel parfum! Sens donc, Clara, c'est de l'héliotrope...

CLARA, respirant. Non... du benjoin... (Courant le porter à sa mère.) Maman, sentez donc.

MADAME DESORMEAUX, sent et tendant le flacon à Clara. Délicieux... — Des mille fleurs!

EUDOXIE, jetant un cri pour attirer l'attention. Ah!

Tous la regardent et Toutou accourt.

MADAME DESORMEAUX. Attention. — Eudoxie va nous dire quelque chose. (A part, à Malmédie.) Vous savez comme Eudoxie est étonnamment douée!

EUDOXIE, autour de qui l'on s'est rangé et voyant Toutou attentif aussi, le regarde sévèrement et avec geste de s'éloigner. Toutou, ça ne te regarde pas.

Toutou recule.

MADAME DESORMEAUX et CLARA, même jeu. Toutou!

Toutou recule davantage.

LES MALMÉDIE, DE LA TOUR, même jeu ironique avec voix de basse. Toutou!

Toutou effrayé, recourt au fond.

EUDOXIE. Maman, monsieur de Malmédie, monsieur Henri, monsieur de La Tour, Clara, savez-vous où nous sommes en ce moment?

MADAME DESORMEAUX. Écoutez-bien.

EUDOXIE, scandant. Nous sommes — dans — les — jardins... d'Armide!

MADAME DESORMEAUX. Ah! charmant!...

DE LA TOUR, mettant son monocle. Tout à fait trouvé!

MADAME DESORMEAUX, à Malmédie. Convenez que c'est le mot de la situation?

MALMÉDIE. C'est le mot!

MADAME DESORMEAUX, lui désignant Eudoxie, savourant son mot. Elle a lu *la Jérusalem délivrée*... et tout de suite... l'application... Armide!

MALMÉDIE. Tout de suite.

HENRI, qui est allé vers un meuble d'où il sort un écrin. Voici les diamants.

LES DESORMEAUX, accourant. Les diamants!

MALMÉDIE, à Henri, à part. Vois-tu l'effet.

MADAME DESORMEAUX, contemplant. Splendide!

EUDOXIE. Éblouissant!

CLARA. Des étoiles!

DE LA TOUR. Un firmament!

MADAME DESORMEAUX, s'exaltant et emmenant Malmédie à l'écart. Non, vrai... les brillants m'impressionnent à un degré!... Quand feu M. Desormeaux m'a recherchée en mariage, je l'ai d'abord accueilli d'une manière..

MALMÉDIE. Glaciale.

MADAME DESORMEAUX. Il m'offre une rivière...

MALMÉDIE. Et vous dégelez.

MADAME DESORMEAUX. C'est inouï! (Désignant ses filles.) Neuf mois après, ces chères enfants naquirent jumelles!

Elle remonte avec Malmédie.

SCÈNE III

LES MÈRES, SARA et MISS HARRIETT, venant de la gauche, en toilette de ville.

MADAME DESORMEAUX. Oh! voici Armide! (Mouvement des dames vers Sara.) Quel bonheur!

EUDOXIE et CLARA. Nos compliments, chère Sara!

MADAME DESORMEAUX ET SES FILLES, à miss Harriett. Bonjour, chère miss!

MISS HARRIETT, froidement. Bonjour, mesdames!

SARA. Mes amies... (Tendant la main à Henri.) Bonjour, Henri... M. de la Tour...

MADAME DESORMEAUX, désignant la table. Vous voyez... nous sommes en extase! (Pivotant pour montrer le châle.) Et essayons votre luxe.

SARA, sans répondre. Mes amis, est-il vrai que la tempête, cette nuit, a causé d'affreux ravages?...

MADAME DESORMEAUX. Mais non, nous n'avons rien eu.

Elle remonte.

CLARA. Absolument rien!

EUDOXIE. Rien absolument.

MALMÉDIE. Les beaux quartiers ont très-bien résisté.

MADAME DESORMEAUX. Ce sont les vilains qui ont été endommagés. (Désignant la table.) On ne se lasse pas de regarder.

SARA. Par vilains quartiers vous entendez les quartiers pauvres?

MADAME DESORMEAUX. Les cases... les nègres, oui!... Ces pauvres gens!... Heureusement qu'ils sont habitués à souffrir!...

HARRIETT et SARA. Heureusement!

SARA. Et que va-t-on faire, madame?

MADAME DESORMEAUX. Le gouverneur avisera. (Désignant un éventail.) Vous savez que cet éventail est une merveille... et que j'offrirais bien vingt-cinq louis du pareil.

SARA, vivement. Vingt-cinq louis! (Tendant l'éventail.) Prenez vite, madame!

Surprise.

MADAME DESORMEAUX, regardant Sara. Ah! vous me... le cédez?...

SARA. Oui! au bénéfice des malheureux de cette nuit.

HARRIETT. Madame a si bon cœur... heureusement...

BIJOU, entrant, à Henri. Ces messieurs sont au jardin.

SARA, vivement à Henri. Vos amis, Henri?...

HENRI. Oui, j'avais projeté...

SARA. Je sais... une promenade à cheval... (A Bijou.) Priez ces messieurs de venir ici.

MADAME DESORMEAUX, souriant. Je comprends. — Armide désire faire elle-même les honneurs de ses trésors?...

SARA. Oui, mesdames. Je me prépare une grande joie... et j'espère bien vous y associer..

MADAME DESORMEAUX. Comment donc? Seulement j'ôte le cachemire.

CLARA. Moi aussi!

MADAME DESORMEAUX. Devant ces messieurs nous aurions l'air de porte-manteaux!

EUDOXIE. Nous avons aussi les nôtres... de cachemires.

MADAME DESORMEAUX. Et tous marqués dans le dos!

Henri est remonté au-devant des jeunes gens.

SCÈNE IV

LES MÊMES, LES JEUNES COLONS, en tenue de cavaliers.

SARA. Messieurs, soyez les bienvenus.

DE LA TOUR. Ces dames voudront bien pardonner notre tenue cavalière...

SARA. C'est précisément celle qui convient au projet que je vais avoir la joie de vous soumettre...

HARRIETT, avec un signe. Bijou! la table.

Bijou porte au milieu de la scène un petit guéridon avec ce qu'il faut pour écrire.

SARA. Je dis la joie!... assurée que je suis d'un accueil enthousiaste.

DE LA TOUR. Nous écoutons...

SARA. Mesdames, messieurs,... l'ouragan de cette nuit a été impitoyable pour les habitants pauvres... Des milliers de malheureux sont sur la rue, sans refuge, tandis que les quartiers riches ont été épargnés. Si nous réparions cette lâcheté de la tempête! — Nous sommes tous riches... Voici une liste. Que chacun s'honore d'y inscrire son nom et son offrande... Messieurs, faites de ce papier un livre d'or. (A Malmédie.) Nous, cher oncle, donnons l'exemple! — Je vous ai inscrit pour deux cents louis. (Présentant la plume.) Signez!

MALMÉDIE, avec un mouvement. Deux cents louis... pour les deux?...

SARA. Chacun!

HARRIETT. Ce n'est pas nous qui le voulons, c'est la tempête.

MALMÉDIE, *hésitant*. C'est que...

HENRI. Mon père!... Tu as bien fait, Sara! — Deux cents louis!

Il signe.

SARA. Merci... (*Tendant la plume, à de la Tour, à droite.*) A vous messieurs...

Musique. — De la Tour et les autres dissimulent [illegible] pincée.

DE LA TOUR, *prenant la plume*. Mademoiselle, certainement que je suis heureux...

SARA, *riant*. Prouvez-le... en millionnaire! (*De la Tour s'incline et passe la plume aux autres.*) Merci, messieurs... je garderai cette plume comme un souvenir...

MALMÉDIE, *à part*. Des travaux forcés.

MADAME DESORMEAUX, *à ses filles*. C'est de la contrainte par corps!

HARRIETT, *à part*. Ils sont suffoqués de leur charité.

SARA, *qui a regardé la liste*. Et maintenant, messieurs, ces offrandes, si généreuses qu'elles soient...

MADAME DESORMEAUX. Ne suffisent pas?...

SARA. On peut les centupler.

HENRI. Comment?

SARA. En France, messieurs, il existe des cavalcades de charité... c'est un exemple à suivre aux colonies. Si vous chevauchiez de maison riche en maison riche pour dire : Au secours!... et, comme nous, versez comptant. — Ce serait une pluie d'or! — Messieurs, au retour, faites-nous l'honneur de dîner ici. Nous compterons la moisson et, demain, nous la distribuerons. — Henri, tu seras le chef de l'escadron sacré.

HENRI. J'accepte.

LES JEUNES GENS. Nous acceptons.

MADAME DESORMEAUX. Mais c'est un bureau de recrutement!

SARA. Merci, messieurs!... Quand vous vous marierez... la jeune fille dira avec fierté : « Il était de la cavalcade!... » — N'est-ce pas, mesdames?

MADAME DESORMEAUX. Sans doute...

LES FILLES. Sans doute...

MISS HARRIETT, *considérant Sara, à part*. C'est mon élève!...

BIJOU, *entrant et à Sara*. La voiture est attelée...

Il enlève la table.

SARA. Bien.

HENRI, *regardant Sara*. Attelée?

SARA, *souriant*. Ce que vous ferez à cheval... la quête à domicile, — miss Harriett et moi nous allons l'entreprendre en voiture. — Oui, mesdames, messieurs, branle-bas de charité! — Tout le monde à l'abordage! Frappons les cœurs pendant qu'ils sont chauds!

MADAME DESORMEAUX, *à part*. Mais c'est de la fièvre.

HARRIETT. Fièvre du bien, oui, madame.

SARA, *à part, à Henri*. Henri! ça te portera bonheur.

HENRI, *la regardant*. Je ne comprends pas.

SARA. Mon oncle, au déjeuner, a été charmant.

HENRI, *tressaillant*. Ah!...

SARA. Nous ne nous aimons que d'amitié et tu trouveras mieux que moi.

HENRI. Sara?

SARA. Ta corbeille m'offrira l'éventail et les gants de notre demoiselle d'honneur et j'aimerai ta femme de toute mon âme. (*A miss Harriett.*) En voiture, miss... (*Aux jeunes gens.*) Et à cheval, messieurs...

DE LA TOUR. A cheval, messieurs!... Mademoiselle de Malmédie est la Jeanne d'Arc de la bienfaisance!

SARA, *souriant*. Soyez mes généreux Dunois! (*Aux dames, en les saluant.*) Mesdames, l'éventail ne compte pas. Au revoir.

HARRIETT. L'éventail ne compte pas. Au revoir.

Elle rentre à gauche, après Sara.

MADAME DESORMEAUX, *souriant*. Charmante!... (*A part.*) Ridicule!

Bijou vient remettre deux cartes à Malmédie. — Celui-ci regarde, fait un geste étonné et les passe à Henri resté immobile, qui lit et tressaille.

DE LA TOUR, *du fond où il est remonté avec les jeunes gens*. Viens-tu, Henri?

HENRI, *brusquement*. Je vous rejoins.

MADAME DESORMEAUX, *à Malmédie*. Adieu, Malmédie...

MALMÉDIE, *l'accompagnant*. Vous partez...

MADAME DESORMEAUX. Avec le regret d'être venue... On vient voir une corbeille, et Sara vous embarque dans des acquisitions, des souscriptions... (*A ses filles en sortant.*) C'est ici la caverne de saint Vincent de Paul!

LES FILLES. C'est vrai, maman.

MADAME DESORMEAUX, *sortant et haussant les épaules*. Et pour des noirs! (*Appelant ainsi que ses filles.*) Toutou!

Toutou accourt et sort à la suite.

SCÈNE V

MALMÉDIE, HENRI, BIJOU.

HENRI, *agité, fiévreux, lisant les deux cartes*. Milord Murrey... Georges Munier!

MALMÉDIE, *redescendant*. Qu'est-ce que tu as donc?

HENRI. J'ai... que nous nous sommes trompés... en rusant avec Sara!... Son indifférence n'est pas un jeu... (*Désignant les cartes.*) Et j'ai peur de cette visite!

MALMÉDIE. Je vais recevoir seul...

HENRI, *vivement*. Non! non!... La cavalcade attendra. (*A Bijou resté au fond.*) Fais entrer. (*Bijou sort. — Se redressant avec orgueil.*) Avoir peur! Moi!! Et de qui donc?

MALMÉDIE. Le gouverneur nous rend une politesse, voilà tout...

HENRI, *avec colère*. Oh! ce n'est pas l'Anglais qui me...

BIJOU, *annonçant*. Milord William Murrey! Monsieur Georges Munier...

Musique. — Les Malmédie remontent au-devant.

SCÈNE VI

LES MALMÉDIE, MURREY, GEORGES.

MALMÉDIE. Milord, soyez le bienvenu.

HENRI, *s'inclinant*. Milord... (*Répondant au salut de Georges.*) Monsieur...

Sur un signe de Malmédie, Bijou avance des fauteuils.

MURREY, *à Malmédie*. Monsieur, M. Georges Munier est venu me prier d'appuyer une demande qu'il désire vous faire. Comme mon vœu sincère serait que cette demande pût lui être accordée, je n'ai pas cru devoir me refuser à une démarche qui me procure d'ailleurs l'honneur de vous voir.

On s'incline réciproquement.

MALMÉDIE, *froidement à Georges*. Nous sommes les obligés de monsieur et si nous pouvons lui être agréables...

GEORGES. Monsieur, si vous faites allusion au bonheur que j'ai eu de préserver mademoiselle Sara d'un péril... permettez-moi de vous affirmer que la reconnaissance est de moi à Dieu... et d'ailleurs vous verrez, monsieur, que, dans cette occasion, ma conduite n'était pas exempte d'égoïsme.

HENRI. Monsieur, je ne comprends pas...

GEORGES, *à Malmédie*. Je vais m'expliquer. — Monsieur, vous connaissez ma famille, ma fortune... deux millions dont je puis justifier. Pardon d'entrer dans ces détails, mais je les crois indispensables...

HENRI, *fiévreux*. J'avoue que je cherche en quoi ils peuvent nous intéresser.

GEORGES, *très-calme*. Ce n'est pas à vous que je parle, monsieur.

HENRI. Alors, permettez-moi d'ajouter, monsieur, que je ne comprends pas plus le besoin qu'a mon père de pareils renseignements.

GEORGES, *même jeu*. Vous allez le comprendre. (*A Malmédie père.*) Monsieur, je viens demander la main de mademoiselle Sara...

Tressaillement d'Henri dont le regard ne quitte plus Georges.

MALMÉDIE. Et pour qui?

GEORGES. Pour moi, monsieur.

HENRI, *avec un mouvement*. Pour vous!

MALMÉDIE. Pour vous!

GEORGES, *s'inclinant*. Pour moi, monsieur...

MALMÉDIE, *regarde Murrey, et désignant la table*. Messieurs, voici la corbeille de mariage que mon fils offre à sa cousine et fiancée. (*A Murrey.*) Je croyais même, milord, vous en avoir instruit.

MURREY, *regardant Georges*. Ici, je l'avoue, j'éprouve quelque surprise. — J'ai accueilli la prière et la démarche de M. Munier, parce que je ne partage à aucun point de vue certains préjugés. (*A Georges.*) Toutefois je serais reconnaissant à mon jeune ami, de vous redire, messieurs, ce qui m'a déterminé à l'accompagner près de vous, malgré l'annonce de vos projets.

GEORGES. Très-volontiers, milord. J'ai eu l'honneur de vous dire que j'aimais mademoiselle Sara de Malmédie et que j'étais autorisé par elle...

HENRI. Par elle...?

GEORGES. A vous dire qu'elle m'aime!...

LES MALMÉDIE. C'est impossible!...

GEORGES. Cela est.

HENRI. Vous en avez menti...

MURREY, *le regardant.* Monsieur!...

HENRI, *hors de lui.* Sara!... Elle n'est pas encore sortie!... (*Il sonne. — A Bijou qui paraît.*) Que mademoiselle Sara vienne! (*Bijou sort. — A Murrey.*) Milord, ce n'est pas de moi que viendra le démenti... ce sera d'elle! d'elle!... entendez-vous!...

MALMÉDIE. Milord, excusez l'emportement de mon fils... mais il vous mesure à quel degré...

MURREY. Peut sévir l'injustice, monsieur... Oui, je le vois et m'en attriste.

SCÈNE VII

LES MÊMES, SARA et MISS HARRIETT.

HENRI, *courant à sa cousine.* Sara! (*Désignant Georges.*) Cet homme vient te demander en mariage! (*Sara se tait.*) Tu te tais?... tu le savais?

SARA. Oui.

HENRI. Tu l'y as autorisé?

SARA. Oui.

HENRI. En lui disant que tu l'aimais...?

SARA. La vie qu'il m'a sauvée lui appartient!

HENRI, *menaçant.* Ah!

MALMÉDIE, *l'arrêtant.* Permettez, Sara. — Bien que vous soyez prochainement maîtresse de votre main, de votre fortune et libre d'agir à votre gré... cependant je suis encore votre tuteur... et comme tel je ne puis pas accueillir la demande de M. Georges Munier. — J'en prends à témoin M. le gouverneur.

GEORGES, *à Sara.* Mademoiselle, votre réponse dictera la mienne.

Musique.

SARA. J'attendrai ma liberté prochaine et agirai selon mon cœur.

Elle tend la main à Georges qui s'incline et y dépose un baiser.

HENRI, *furieux, saisissant sur la table et levant sa cravache.* Ah! c'en est trop!

MURREY, *lui arrêtant le bras.* Monsieur!...

MALMÉDIE. Henri!...

GEORGES *jette un regard dédaigneux à Henri. — Puis à Sara.* Merci!

Georges reconduit Sara vers la porte à gauche, s'incline devant elle ainsi que devant miss Harriett. Sara salue à son tour et sort avec miss Harriett.

SCÈNE VIII

MALMÉDIE, HENRI, MURREY, GEORGES.

GEORGES, *revenant vers Malmédie.* Maintenant, monsieur, que vous ne doutez plus des sentiments de mademoiselle de Malmédie, j'ose vous prier, une seconde fois, de répondre à la demande que j'ai eu l'honneur de vous adresser.

HENRI. Vous le demandez?

GEORGES, *à Henri.* C'est monsieur votre père que j'interroge.

MALMÉDIE. Eh bien... je refuse.

GEORGES. Je m'y attendais... mais ma démarche était dans les convenances, et je l'ai faite. (*Il salue M. de Malmédie, échange un mot avec le gouverneur, et revenant vers Henri.*) Maintenant, monsieur, à nous deux, s'il vous plaît?

HENRI, *avec mépris.* A nous deux!... Vraiment, la formule est si plaisante, que si milord ne vous protégeait de sa présence... je prierais les amis qui m'attendent de venir écouter le reste...

MALMÉDIE, *à Henri.* Henri, pas de scandale, je t'en prie!

HENRI. Du scandale. Non, un exemple... qui attestera à milord ce que nous sommes... en face des hommes de couleur.

MALMÉDIE, *à Murrey.* Milord...

MURREY, *lui fait geste de laisser parler.* Eh bien! soit!... je serai témoin.

HENRI, *railleur, à Georges.* Monsieur... demande en mariage ma cousine... Et, sous prétexte que je m'emporte à ce sujet... monsieur s'avance vers moi... en me disant : « A nous deux! »

GEORGES. Et j'ajoute : Monsieur, à quatorze ans de distance, voilà la seconde fois que vous m'insultez...

HENRI. C'est exact.

GEORGES. Je vous en demande raison.

HENRI, *riant.* Raison! ah! ah!

GEORGES, *se maîtrisant et se tournant vers Murrey.* Milord, je vous remercie de m'avoir prouvé votre affection au degré... où vous venez de le faire. C'est d'une grande âme qui honore en moi toute une race de persécutés. — Grâce à vous et à moi, le jour est venu où l'insulte remontera aux insulteurs. (*Musique. — Allant à Henri, tout en ôtant son gant.*) On ne se bat pas avec un mulâtre?

HENRI. Non. (*Georges le soufflette de son gant. — Mouvement. — Henri, avec un cri de rage, s'élance sur Georges, puis s'arrêtant court, recule en éclatant de rire.*) Allons donc! je le prenais pour un blanc! (*Il remonte au fond où passe Laiza, et le saisissant par le bras, l'amène devant Georges.*) Laiza, il y a deux ans, un de nos mulâtres s'est jeté sur moi, pour me frapper, n'est-ce pas?

LAÏZA. Oui.

HENRI, *lui désignant Georges.* Eh bien, quand vous serez seuls ensemble, dis-lui ce qu'on a fait de l'homme de couleur... (*A Georges.*) Et à partir de demain, monsieur, soyez sur vos gardes. (*S'inclinant devant Murrey.*) Milord! (*Il remonte et se retournant, au fond, à Georges.*) Jusque-là je rendrai le bien pour le mal. Je vais quêter pour les noirs.

Il sort.

SCÈNE IX

MURREY, GEORGES, MALMÉDIE, LAIZA.

MALMÉDIE. Milord... monsieur...

MURREY, *allant à Georges.* A votre place, j'aurais agi de même.

GEORGES, *gravement.* Merci et au revoir, milord. (*Désignant Laiza.*) Je reste avec cet homme.

MURREY, *lui serrant la main.* Comptez sur moi...

Il salue Malmédie.

MALMÉDIE, *l'accompagnant.* Milord... je suis désolé.

MURREY. Je suis renseigné... et j'aviserai...

Ils sortent ensemble.

SCÈNE X

GEORGES, LAIZA, ANTONIO, *caché.*

GEORGES, *allant au nègre, pendant qu'au fond on voit se glisser Antonio aux écoutes, derrière la tenture de la porte à droite.* Que lui a-t-on fait à ce mulâtre?

LAÏZA. Il a été saisi, garrotté, étendu sur une échelle et fouetté jusqu'à la mort, avec une poire de fer dans la bouche pour étouffer les cris.

GEORGES. On a fait cela?

LAÏZA. On le fera encore...

GEORGES. On le fera encore...?

LAÏZA. Par surprise... à dix, vingt, trente contre un...

GEORGES. Mais quand le mulâtre est libre... la loi...

LAÏZA. La loi reste blanche... Noir ou mêlé, notre sang lui est égal... Tuer un noir innocent coûte une petite amende.

GEORGES. C'est-à-dire que la loi se paie l'assassinat.

LAÏZA. Oui. (*Après une pause.*) Et cependant les frappés sont quatre fois plus nombreux.

GEORGES. Je le sais.

Musique. — Les deux hommes se regardent en silence, se comprenant.

LAÏZA, *saisissant la main de Georges.* Ce soir, au torrent des Lataniers, et la loi devient noire.

GEORGES. J'y serai.

Ils remontent et se séparent au fond.

SCÈNE XI

ANTONIO *sort de sa cachette et remonte, furtivement, suivre des yeux ceux qui s'éloignent.*

ANTONIO. Au torrent des Lataniers!

ACTE QUATRIÈME

CINQUIÈME TABLEAU

LES CONJURÉS

Un carrefour dans la forêt. — Au fond, nègres apostés. De temps en temps, on en voit courir se communiquer des mots d'ordre.

SCÈNE PREMIÈRE

GEORGES, *puis* LAIZA.

Laïza, assis sur un tronc d'arbre, à droite. — Georges, conduit par un noir, entre à gauche. — Le noir lui indique Laïza.

GEORGES, *allant à Laïza.* Me voici.
LAIZA, *se levant.* J'attendais.
GEORGES. Tu as dit : Ce soir, aux Lataniers... et la loi devient noire. Je t'écoute.
LAIZA. Les esclaves se sont comptés. — Ils sont dix mille... Les maîtres, y compris les huit cents soldats anglais, sont à quatre mille. — Nous ne voulons plus des blancs, et nous sommes prêts.
GEORGES. Qui vous arrête?
LAIZA. Notre chef ne nous convient plus.
GEORGES. Qui est-ce?
LAIZA. Moi. — Mais tu es plutôt l'homme qu'il nous faut... et tu accepteras de nous commander, car tu ne peux arriver à ce que tu désires que par nous.
GEORGES. Tu sais ce que je désire?
LAIZA. Tu veux épouser la Rose de la Rivière-Noire et tu hais M. Henri de Malmédie. Tu ne posséderas l'une... tu ne châtieras l'autre... que par nous.
GEORGES. Qui t'a dit que j'aimais?
LAÏZA. Je l'ai vu.
GEORGES. Tu te trompes
LAÏZA. *Tressaillant.* Oh non!
GEORGES, *le regardant, et après une pause.* Tu l'aimes aussi, toi?
LAÏZA. Oui, mais sans espoir! (*Avec effort.*) C'est toi qu'elle aime.
GEORGES. Comment le sais-tu?
LAIZA, *sourdement.* Parce que je souffre.
GEORGES. Et tu ne me hais pas?
LAIZA. Il y a eu un instant où j'ai pu te tuer. Je ne l'ai pas fait, et je me suis demandé pourquoi?... J'ai trouvé que c'est parce qu'elle t'aime et que tu seras notre chef. — Me veux-tu avec mes dix mille soldats?
GEORGES. Tu m'obéiras?
LAIZA. En tout.
GEORGES. Même en ce qui regardera...
LAIZA. Même en ce qui regardera la Rose de la Rivière-Noire.
GEORGES. Mais d'où te vient ce dévouement pour moi?
LAIZA. Je l'ai dit : Elle t'aime et tu nous sauveras des blancs.
GEORGES. Écoute. — Ce matin, tu le sais, j'ai insulté publiquement M. Henri de Malmédie... pour le forcer à se battre avec moi.
LAIZA. Il a répondu : Non.
GEORGES. C'était peut-être la colère qui parlait.
LAIZA. Il fera comme il l'a dit.
GEORGES. Je lui ai écrit pour demander s'il persiste dans son refus et ses menaces.
LAIZA. Et s'il persiste?
GEORGES. Je suis à vous.
LAIZA. Celui qui a porté cette lettre?...
GEORGES. Doit m'apporter la réponse ici. — C'est mon vieux fidèle Télémaque.
LAIZA. L'aimes-tu Télémaque?
GEORGES. Comme un frère.
LAIZA. Tu n'aurais pas dû le choisir pour porter la lettre.
GEORGES, *le regardant.* Pourquoi?

Laïza remonte sur un signal.

LAIZA. J'entends les chefs de la conspiration. Veux-tu que je te propose, à ma place, pour chef suprême?
GEORGES. Je te l'ai dit... Si l'on refuse le combat... Je suis à vous.
LAÏZA, *désignant à droite un groupe qui s'avance.* On vient.

SCÈNE II

LES PRÉCÉDENTS, MUNIER, NAZIM, CHEFS NÈGRES *et* NOIRS *venant de droite et de gauche.*

Quatre nègres portent, sur un lit de branches, Télémaque mourant et déposent la civière sur le sol.

MUNIER, *accourant et lui désignant le brancard.* Georges.....! regarde...
GEORGES, *s'élançant.* Télémaque!
TÉLÉMAQUE, *à la vue de Georges et de Munier, se soulève et tend les bras vers eux.* Maîtres!
GEORGES, *le serrant dans ses bras.* Mon vieil ami...!
TÉLÉMAQUE, *avec le balbutiement de quelqu'un dont la langue est blessée et après les avoir regardés avec amour.* J'ai... voulu... mourir près de vous...!
MUNIER. Télémaque?...
GEORGES. Tu ne mourras pas. (*Aux assistants.*) Du secours!
TÉLÉMAQUE, *saisissant la main de Georges.* Non... restez... tous pour... écouter!
MUNIER, *s'agenouillant à côté de Télémaque.* Appuie-toi sur moi.
TÉLÉMAQUE, *posant son bras sur l'épaule de Munier et prenant la main de Georges.* Merci, bons maîtres. (*Regardant Georges.*) Je suis donc allé porter la lettre...
GEORGES. Ah si j'avais su!...
TÉLÉMAQUE, *avec honte.* Ils l'auraient fait à un autre... M. Henri de Malmédie a lu... a ri, m'a jeté la lettre au visage... a fait un signe à Antonio... et ils m'ont attaché au poteau.
GEORGES. Les infâmes!...
TÉLÉMAQUE. Télémaque a demandé pourquoi on l'attachait? — On a ri!...
GEORGES. On a ri!
TÉLÉMAQUE. Moi j'ai dit... qu'apporter une lettre n'était pas un crime!... — On a ri!... En riant... ils m'ont mis nu... J'ai montré mes cheveux blancs!... — On a ri!
GEORGES, *et les autres.* Ah!
TÉLÉMAQUE. Et M. Henri, souriant, a dit : Tu vas goûter *silencieusement* au régal qui attend maître à toi!
GEORGES, *sans comprendre.* Silencieusement?
TÉLÉMAQUE. Ils ont mis... dans la bouche...

Près de défaillance, il s'arrête.

NAZIM, *tendant l'instrument de supplice à Laïza en sanglotant.* Ceci. Pauvre Télémaque!
LAIZA, *le présentant aux assistants.* La poire de fer qui étouffe les cris et broie la langue!
MUNIER, *sourdement et tendant la main.* Donne.
GEORGES, *haletant.* Ils ont fait cela!
TÉLÉMAQUE, *portant la main à la bouche.* C'est pour ça... que moi parle mal... — Et les coups commencèrent...
GEORGES. Sur un vieillard!
TÉLÉMAQUE. Au trentième... moi suis tombé! Mes yeux leur criaient : grâce! — M. Henri... a voulu cinquante coups... et après... croyant moi tué... il m'a montré, disant : *Je paierai l'amende... emportez chez celui qui envoie... et auquel il en sera fait autant.* (*Avec tendresse.*) Et j'ai voulu vivre assez... pour venir... avertir. — Prenez garde, bons maîtres! (*Retombant sur l'épaule de Munier.*) Prenez garde!

Il meurt.

GEORGES. Mort!

Tous s'inclinent et se découvrent.

LAÏZA, *désignant le cadavre à Georges.* La réponse des blancs.
GEORGES, *éclatant.* Aux armes!...
TOUS. Aux armes!
GEORGES. Je suis votre chef!... Demain, ici,... rendez-vous pour marcher sur la ville.

Il indique le fond.

TOUS. Sur la ville!
GEORGES. A ceux qui seraient timides ou lâches, je dis : Retirez-vous. — Notre combat, c'est mort ou victoire!...
TOUS. Mort ou victoire!...
GEORGES. Et si, parmi les assistants, il y a un traître, que chacun puisse le frapper.
TOUS. Mort aux traîtres!
GEORGES. Jurons la guerre... (*Étendant la main sur Télémaque.*) sur le vieillard assassiné.
MUNIER, LAÏZA, NAZIM *et* LES AUTRES, *étendant la main sur le mort.* Nous jurons!

GEORGES, *au cadavre.* Et je viendrai dire à ta tombe que tu es vengé, cher humble martyr!... *(Se retournant vers les chefs.)* Et vous, amis, ici demain, à la neuvième heure, pour la vengeance!

LES CHEFS. Oui... oui... Vengeance!

On emporte le corps de Télémaque. — Sortie générale. — Du creux d'un rocher on voit surgir et ramper Antonio qui s'oriente et s'élance au fond dans la direction de la ville.

SIXIÈME TABLEAU

LA MORT DE LAIZA

Une clairière dans une vallée sauvage, formée de rochers, d'arbres, d'épaisses broussailles, etc., etc. Au fond, au sommet des rochers d'où l'on descend par des praticables, un torrent avec un pont. A gauche, troisième plan, une grotte masquée de lianes.

SCÈNE PREMIÈRE

Entrée des NÈGRES ÉCLAIREURS, *venant de la droite,* LAIZA, MUNIER, GEORGES, *blessé, soutenu par son père,* NAZIM *et d'autres nègres fugitifs, armés, et harassés de fatigue. Quelques-uns chancellent et tombent en jetant des exclamations d'épuisement.*

LAIZA, *en tête de la troupe, à Munier.* Il faut une halte à la fuite. Nos hommes n'en peuvent plus.

MUNIER. A-t-on perdu notre piste?

LAIZA. Je l'espère. *(Se tournant vers les nègres.)* Compagnons, reposez-vous, je veillerai. *(Les nègres obéissent. A Nazim.)* Il y a ici une grotte connue seulement des nègres en fuite. — Cherchons, Nazim.

Ils se mettent à explorer.

MUNIER, *allant à Georges.* Comment te sens-tu, Georges?

GEORGES. Le pansement de Laiza m'a fait du bien... mais moi, blessé, poursuivi, qu'espérez-vous?

MUNIER. Te sauver.

GEORGES. Vous vous perdez... vous et les vôtres... et cette pensée m'est affreuse. — Pourquoi cette balle ne m'a-t-elle pas tué!

MUNIER. Georges, ne me désole pas. *(Courant à Laiza qui revient.)* Il se désespère d'être blessé et j'ai peur de son désespoir.

NAZIM, *accourant vers Laiza.* Frère, j'ai trouvé.

Il lui parle bas en désignant la grotte au fond, à gauche.

LAIZA, *à Munier.* Nous le protégerons malgré lui, *(Présentant un flacon)* par le sommeil.

MUNIER. Oui, oui, viens.

En revenant vers Georges.

LAIZA, *à Georges.* Maître, quand le blessé dort... il guérit plus vite. *(Lui montrant le flacon.)* Voilà du sommeil. Bois et ne crains rien... nous veillons.

GEORGES. Dormir quand vous agonisez!

MUNIER, *avec instance.* Bois, mon Georges.

GEORGES. Eh bien, soit... puisque cependant je ne puis vous servir à rien.

Il boit, et se soulevant, soutenu par Munier, se laisse emmener dans la grotte où le suivent Munier et d'autres nègres. — Musique.

LAIZA, *à Nazim.* Les beaux songes viendront. Si l'on retrouve nos traces nous l'enlèverons plus loin; si nous sommes heureux dans la fuite, il se réveillera libre et presque guéri.

MUNIER, *ressortant de la grotte.* Il dort. — Laiza, sauve-le et tu seras mon troisième fils.

LAIZA, *gravement.* Je le sauverai ou je mourrai.

SCÈNE II

LES PRÉCÉDENTS, GEORGES *dans la grotte,* *puis* ANTONIO.

LAIZA, *à Munier et faisant signe à tous de faire silence.* On rôde dans les environs.

MUNIER, *mi-voix.* Comment le sais-tu?

LAIZA. J'ai entendu passer un cerf, et la rapidité de sa course m'a dit qu'il s'était levé d'effroi.

MUNIER, *bas.* Tu crois?

LAIZA, *bas.* J'en suis sûr. — Plus bas... On se rapproche... Cachez-vous.

Signe aux noirs qui l'observent. Chacun se cache silencieusement derrière les rochers, arbres, broussailles. Laiza rentre dans la grotte. A droite, au fond, au sommet des rochers et traversant le pont, descend en rampant un homme aux écoutes. — Rassuré par le silence, il avance et arrive près de la grotte. Laiza s'élance et saisit le rôdeur.

LAIZA, *sourdement.* Antonio! *(Antonio se débat et veut crier, lui étreignant la bouche.)* Silence... ou je t'étouffe. *(Aux noirs qui ont paru.)* Liez-le. *(On obéit. Plaçant deux noirs à droite et à gauche d'Antonio.)* Un cri... frappez. *(Allant à Munier.)* Rejoignez un instant le chef. Je vais interroger le rôdeur.

Munier rejoint Georges à gauche dans la grotte.

SCÈNE III

LAIZA, ANTONIO, NAZIM, LES NÈGRES.

LAIZA, *allant à Antonio.* A nous deux, Antonio.

ANTONIO, *suppliant.* Laiza, mon ami, mon frère...

LAIZA. Avant-hier, aux Lataniers, il a été dit que s'il y avait un traître parmi nous, chacun pouvait le mettre à mort. Tu écoutais?

ANTONIO. Non, je n'y étais pas.

LAIZA, *faisant signe aux noirs d'approcher.* Vous autres, répondez. *(Les noirs obéissent, formant demi-cercle autour d'Antonio et Laiza.)* Après avoir martyrisé Télémaque, qui a couru dénoncer la conspiration au gouverneur?

LES NÈGRES. Antonio.

ANTONIO. Ce n'est pas vrai, je le jure!

LAIZA. Qui a distribué, hier, par la ville, les tonneaux d'eau-de-vie qui, avant la bataille, nous ont volé nos combattants?

LES NÈGRES. Antonio.

ANTONIO. Qui m'a vu? Il faisait nuit.

Murmures parmi les nègres.

LAIZA. Tu te dénonces toi-même. — Qui est-ce qui, après avoir vendu la conspiration, vient encore jusqu'ici ramper comme un serpent pour découvrir notre retraite et la montrer aux soldats anglais?

LES NÈGRES. Antonio.

ANTONIO. Je venais pour rejoindre mes frères, je vous le jure.

Lointain aboiement d'un chien.

LAIZA, *tressaillant.* Entendez-vous l'aboiement d'un chien! *(A Munier qui est revenu vers le groupe.)* On nous chasse comme le gibier. — Les démons auront trouvé, dans quelque case de nègre, un chien à la chaîne. Si son maître est avec nous, nous sommes perdus.

Aboiements plus rapprochés.

MUNIER, *tressaillant.* Ah! c'est la voix de Fidèle?

LAIZA. Oui, je la reconnais. Je l'ai déjà entendu ce chien. Il hurlait lorsque, hier, nous avons rapporté le chef blessé à votre habitation. *(A Antonio.)* Antonio, entends-tu ces aboiements?

ANTONIO, *effrayé.* Laiza, je sais ce que tu penses... mais ce n'est pas moi, je te le jure.

LAIZA. Si. Il n'y a qu'à toi qu'a pu venir l'idée de se servir d'un chien... pour livrer son maître.

ANTONIO. Grâce!

LAIZA. Tu es quatre fois traître et tu n'as qu'une existence. *(Aux nègres.)* Préparez une corde.

UN NÈGRE, *la tendant.* Voici.

ANTONIO. Grâce, Laiza, n'attache pas! Grâce!

Aboiement du chien.

LAIZA. Je te fais grâce... si tu empêches ce chien d'aboyer. *(Aboiement du chien. Laiza jette le nœud coulant au cou d'Antonio, fait un signe. — Les nègres entraînent Antonio. — Laiza le désignant.)* Mort au traître! *(A Munier.)* Maintenant plus un instant à perdre.

MUNIER. Que faire?

LAIZA, *désignant la droite, premier plan.* Fuyez vers le grand port. Tâchez de trouver asile sur un vaisseau français... Moi je me charge de Georges.

MUNIER. Je ne quitterai pas mon fils.

LAIZA. En restant vous le perdez. — Votre chien vous suivra partout.

MUNIER. C'est vrai.

LAIZA. Tandis que si vous fuyez de votre côté...

MUNIER. C'est moi qu'ils poursuivront... Je comprends.

LAIZA. Pendant ce temps, j'attends la nuit avec Nazim et deux amis dévoués pour emporter Georges au morne du Bamboo. — Si vous avez un moyen de nous sauver... allumez un feu sur l'île des Oiseaux... Nous descendrons, sur un radeau, la Grande-Rivière, et vous venez avec une chaloupe nous recevoir à l'embouchure.

MUNIER. Laiza, Nazim, vous sauverez mon fils, votre frère?

LAÏZA. Nous le sauverons ou nous mourrons ensemble.

NAZIM. Oui.

LAÏZA, *aux noirs.* Camarades, deux d'entre vous. (*Plusieurs s'avancent. — En désignant deux. — Aux autres.*) Que les autres se dispersent. (*Arrêtant Munier qui va dans la direction de Georges.*) Où allez-vous?

MUNIER. L'embrasser.

LAÏZA. N'y allez plus. Le chien irait aussi.

MUNIER, *s'arrêtant.* C'est vrai.

LAÏZA, *désignant le pendu.* Antonio savait ce qu'il faisait.

MUNIER. L'infâme! — A l'embouchure de la Grande-Rivière!

LAÏZA. Si nous sommes vivants.

MUNIER, *sortant, à reculons, à droite.* Mon Georges, si je te quitte... c'est pour te sauver!

Il sort par la droite, premier plan, pendant que Laiza, Nazim et les deux noirs se cachent dans la grotte, à gauche.

SCÈNE IV

LAIZA, NAZIM, LES DEUX NOIRS, GEORGES *endormi dans la grotte, puis* SIDNEY, LES SOLDATS ANGLAIS.

Un temps. — A droite, au fond, au sommet des rochers et traversant le pont, les Anglais commandés par Sidney. — Un éclaireur tient le chien en laisse. — Il désigne à Sidney la direction prise par Munier.

SIDNEY, *indiquant.*
La piste à suivre doit être par là. Allons, les enfants!

Rapide passage des Anglais qui disparaissent dans les rochers.

Laiza, Nazim sortent doucement de la grotte avec les deux nègres.

LAÏZA. Nous resterons cachés ici où l'on ne reviendra plus, et à la nuit, nous gagnons les bois du Bambou.

Des soldats anglais reparaissent au fond sur les hauteurs et font feu. Les deux nègres tombent et Laiza est blessé.

LAÏZA. Il y en avait encore!

SIDNEY. Rendez-vous. — Vous êtes cernés de toute part.

LAÏZA, *courant à gauche.* Oui... là-bas... les Anglais!

NAZIM, *courant à droite premier plan.* Là-bas aussi!

Sidney et quelques soldats pénètrent dans la grotte d'où ils sortent Georges endormi, pendant que d'autres soldats, sur les rochers du fond, ajustent Laiza et Nazim.

LAÏZA, *étendant la main vers les Anglais.* Ne tirez pas, nous sommes blessés. (*Désignant Georges, à Nazim. — A mi-voix.*) Et nous n'avons pas pu sauver le maître. (*Rapidement.*) Frère, comment veux-tu mourir?

NAZIM, *avec amour.* Je te l'ai dit... étouffé dans tes bras.

LAÏZA, *ouvrant les bras.* Viens.

Nazim se jette dans ses bras. — Laiza l'embrasse et l'étouffe sur sa poitrine. — Nazim jette un cri et retombe. — Laiza porte rapidement à ses lèvres une fleur en murmurant: Sara! *Et, se redressant superbe en face de l'ennemi, se plonge un large couteau dans le cœur et meurt une main dans celle de son frère. — A droite et à gauche, débouchent les soldats anglais.*

ACTE CINQUIÈME

SEPTIÈME TABLEAU

LA PRISON

Un lit, une table, une chaise, un escabeau. — Porte, au fond, munie d'un guichet. — Fenêtre grillée et porte à gauche ; autre fenêtre grillée, à droite.

SCÈNE PREMIÈRE

GEORGES, *puis* SIDNEY, HENRI, LE DIRECTEUR DE LA PRISON, *et* DEUX OFFICIERS DE JUSTICE.

GEORGES, *assis devant la table, finit de cacheter quelques lettres et lisant les adresses.* Pour père... pour Jacques... et... pour elle!...

La porte du fond s'ouvre. — Entrent le Directeur, Sidney, Henri, en costume de greffier, et les deux officiers de justice. — Georges se lève.

LE DIRECTEUR. Selon l'ordre de la loi... (*Désignant Henri.*) M. le greffier du tribunal criminel va vous donner lecture du jugement.

Henri s'avance, regarde Georges et déplie un papier.

GEORGES, *le reconnaissant, a fait un mouvement aussitôt réprimé, et froidement.* J'écoute, monsieur.

HENRI, *lisant.* « Nous, juges au tribunal criminel de l'île Maurice, condamnons Georges Munier, accusé et convaincu du crime de haute trahison, à la peine de mort. L'exécution aura lieu dans les douze heures qui suivront le prononcé du jugement dans la cour de la prison. Ont signé : Smithson, président, William, Wattson, juges. Dont lecture a été faite au condamné. » (*Présentant une plume à Georges.*) Monsieur, voulez-vous signer l'arrêt?

Georges prend la plume, signe et rend le papier. — Le greffier s'incline et passe à gauche.

SIDNEY, *allant à Georges.* Monsieur, d'après la loi, le droit de grâce et de sursis à l'exécution de la sentence n'existe pas pour le gouverneur de l'île en faveur du principal condamné; mais il subsiste à l'égard des autres accusés. — En conséquence, milord William Murrey vous fait savoir qu'une amnistie entière est accordée à tout révolté rentré dans le devoir.

GEORGES, *à part.* Mon père est sauvé! (*Haut.*) Commandant, merci de cette bonne nouvelle et veuillez bien exprimer toute ma reconnaissance à M. le gouverneur.

On se salue de part et d'autre. — Sidney, Henri et les gens de justice se retirent.

SCÈNE II

GEORGES, LE DIRECTEUR, *type du fonctionnaire anglais, maigre, à favoris roux, sec, formaliste.*

LE DIRECTEUR, *accent anglais.* Monsieur, aux termes du règlement qui régit les condamnés, il sera satisfait à vos derniers vœux.

GEORGES. Monsieur le directeur, il n'est pas venu de lettre pour moi?

LE DIRECTEUR. No, monsieur.

GEORGES. Permettez-moi une question. — Ce greffier, chargé de me lire mon arrêt... n'est-il pas... nouveau?

LE DIRECTEUR. Oui, il a acheté sa charge... il y a quelques jours...

GEORGES. Pour remplir ces fonctions ne faut-il pas être sujet anglais?...

LE DIRECTEUR. Ce monsieur s'est fait naturaliser Anglais.

GEORGES. Je vous remercie, monsieur le directeur. — Avez-vous eu la bonté de transmettre à M. le Gouverneur la prière que vous avez trouvée si étrange de ma part?...

LE DIRECTEUR. Oui, monsieur. — Milord permet.

GEORGES. Veuillez bien lui en exprimer ma gratitude...

LE DIRECTEUR. Je dois vous apprendre aussi que, puisque vous n'êtes pas de notre religion anglaise, un religieux français qui est à bord d'un bâtiment dans Port-Louis, vous offre ses secours.

GEORGES. Un compatriote! — Je serai charmé de recevoir sa visite.

LE DIRECTEUR. Je vais m'informer... s'il est arrivé. (*Il remonte et se retournant.*) Vous ne désirez plus rien?

GEORGES. Monsieur le directeur, vous avez, je crois, une femme et deux filles, charmantes musiciennes?

LE DIRECTEUR, *avec un geste de surprise.* Monsieur!...

GEORGES, *désignant la fenêtre à droite.* Vous habitez en face, et, depuis quinze jours, chaque soir, j'ai entendu ces dames avec une joie qui a certainement hâté la guérison de ma blessure... et puisque le règlement, monsieur le directeur, vous autorise à satisfaire les derniers vœux de votre prisonnier, me permettrez-vous, dans mon testament, d'offrir quelques bijoux à milady... et aux jeunes misses.

LE DIRECTEUR, *scandalisé.* Aoh! impossible, monsieur.

GEORGES. Pourquoi? Un petit souvenir de condamné politique.

LE DIRECTEUR, *contrarié.* Monsieur, ce ne sont pas là les derniers vœux que j'ai l'habitude d'entendre exprimer. — Jamais on ne m'a parlé de la miousique de ma famille... et surtout jamais on ne m'a chargé d'accepter de cadeaux en retour... Qu'est-ce que cela signifie?... Monsieur le religieux qui exhorte... voilà ce qu'il vous faut... et je vais vous l'envoyer.

SCÈNE III

GEORGES, *souriant.* Allons!... le règlement des prisons est comme beaucoup d'autres!... « Je vous accorde tout, mon ami, excepté ce que vous me demanderez... » C'est ainsi... que le bonheur est de règlement!

SCÈNE IV

GEORGES, LE DIRECTEUR *introduit* JACQUES,
costumé en moine.

LE DIRECTEUR, *à Jacques.* Monsieur, il est huit heures... A neuf heures!... le règlement ordonnera votre départ.

JACQUES. C'est bien... mille tonnerres! (*Mouvement de surprise du directeur qui le regarde. — Même jeu de Georges. — Au directeur.*) Ça vous étonne de m'entendre jurer dans cet habit-là. — Que voulez-vous! mille bombardes! je suis un ancien capitaine d'artillerie qui s'est retraité dans le sacré! — J'ai roulé ma bosse dans les hôpitaux, les bagnes, les pontons... et c'est en jurant les cinq cents diables!... que je fais la toilette de mes condamnés. — Vous v'là averti... si du dehors vous m'entendez tempêter.

En tirant son mouchoir, il laisse tomber une pipe par terre.

LE DIRECTEUR, *étonné.* Monsieur... vous laissez tomber...

JACQUES, *ramassant.* Ah! oui... ma bouffarde!

LE DIRECTEUR, *surpris.* Bouffarde! — (*Remontant.*) Jusqu'à neuf heures, monsieur...

Jacques l'accompagne au fond.

SCÈNE V

GEORGES, JACQUES.

JACQUES, *redescendant vers Georges et très-haut.* Eh bien! mon ami, il s'agit donc de se préparer. (*Le conduisant sur le devant de la scène. — A mi-voix.*) Tu m'as reconnu?

GEORGES, *même jeu.* Oui, Jacques.

JACQUES, *à mi-voix.* Je viens te sauver. Mais méfions-nous. On n'entend pas de là-bas, mais on peut reluquer derrière le guichet. — Prends la frimousse de circonstance : le décapité repentant. (*Georges sourit.*) Ne souris pas, sacrebleu!... De temps à autre, je te lâcherai une phrase sacrée... très-haut... et tu t'inclineras... Écoute bien le plan... (*Haut.*) Mon frère, prêtez l'oreille à mes exhortations. (*A mi-voix.*) Ma corvette est à l'ancre à une demi-lieue d'ici. J'ai, à bord, soixante lurons qui, demain, se posteront aux bons endroits... Viens-y voir pour t'orienter. (*Le conduisant vers la fenêtre à gauche, près de la porte à gauche. — Haut.*) Pour faire pénitence... considérez que cette porte conduit à la cour de l'exécution. (*A la fenêtre et à mi-voix.*) Au milieu de la cour une porte basse donne sur la campagne...

GEORGES. Elle sera gardée!...

JACQUES, *haut.* Gardez-vous de désespérer (*à mi-voix.*) d'un bon coup de main... — La maison d'en face est à nous et plonge dans la cour... d'assez loin pour n'être pas suspecte, d'assez près pour de bons tireurs!... (*Haut.*) Rassurez-vous, mon frère, je serai, à vos côtés, sur l'échafaud... (*A mi-voix.*) Je donne le signal en brûlant la cervelle au bourreau... et une grêle de balles vient à la rescousse! (*Haut.*) — Espérez donc en Dieu! (*A mi-voix.*) Les sentinelles du dehors escoffiées... on enfonce la porte et nous sautons avec le père sur des chevaux tout prêts qui nous emportent à bord! (*Haut.*) Et c'est ainsi, mon frère, que vous gagnerez le paradis! (*A mi-voix.*) La frimousse!... et incline-toi!

GEORGES, *à mi-voix.* Et tu crois réussir?...

JACQUES, *haut.* Ainsi soit-il! (*A mi-voix.*) Est-ce bien machiné?

GEORGES, *après une pause.* Merci, Jacques... mais je refuse...

JACQUES. Hein?

GEORGES. Ce serait votre perte!

JACQUES. Ça nous regarde! mille bombes!

GEORGES, *profondément.* Je préfère mourir.

JACQUES. Pourquoi?

GEORGES, *après une pause.* Lassitude de vivre!... De toutes parts, j'ai échoué! — Ceux pour qui je me dévouais n'en étaient pas dignes... ou bien je m'y suis mal pris. Celle que j'aimais... a disparu avec le malheur... et enfin, moi, qui me croyais appelé à de grandes choses... où suis-je! (*Souriant tristement.*) Le génie... c'est la réussite!

JACQUES. Mon cher, tu rabâches... et le temps passe... (*La demie sonne.*) Huit heures et demie!... (*La porte du fond s'ouvre.*) Mais, sacré tonnerre! j'ai jusqu'à neuf heures!

Musique.

SCÈNE VI

LES MÊMES, LE DIRECTEUR, *puis* LE NÈGRE BOURREAU.

LE DIRECTEUR, *à Georges.* L'homme que vous avez demandé est là.

GEORGES. Ah! Faites entrer, je vous prie.

JACQUES, *à part.* Quel homme?

Sur un signe du directeur, paraît un nègre herculéen vêtu de son langouti rouge.

LE DIRECTEUR, *à Jacques.* Monsieur, avez-vous terminé vos exhortations?

JACQUES, *à part au Directeur.* Non pas... il est d'un dur à convaincre!... (*Désignant le nègre.*) Qu'est-ce que c'est que ce grand diable-là?...

LE DIRECTEUR, *à mi-voix.* Le bourreau.

JACQUES. Hein?... Et pourquoi faire?

Musique. — Georges a parlé bas au nègre. Celui-ci prend l'escabeau, s'agenouille devant, à la façon des condamnés, y pose la tête, les mains derrière le dos, comme pour donner une démonstration à Georges. Celui-ci suit attentivement les mouvements de l'exécuteur, et lorsqu'il a fini, s'adressant au directeur et Jacques qui, étonnés, l'ont regardé faire.

GEORGES, *souriant.* Messieurs, ne soyez point surpris... En toute chose importante... j'ai pris mes précautions, ne croyant pas aux improvisations réussies... — La posture du condamné importe à sa bonne exécution... — Messieurs de Thou et Lally Tollendal furent massacrés plutôt que décapités. Ils se tenaient mal. — J'ai désiré être renseigné. Vous permettez?

JACQUES, *agacé.* Mille tonnerres de bombes! quelle fichue consultation!

LE DIRECTEUR, *scandalisé.* Aoh! monsieur!

JACQUES, *brusquement.* Je vous ai averti.

Musique.

GEORGES, *s'agenouillant et se mettant en attitude, au nègre.* Est-ce bien ainsi?

LE NÈGRE, *regarde attentivement et après un temps.* Bien. Comme ça... moi trancherai d'un coup.

JACQUES, *à part.* Voyez-vous ça!

GEORGES. Les cheveux sont assez courts?

LE NÈGRE. Oui.

GEORGES, *se relève tranquillement et s'essuyant les genoux.* Je compte sur votre adresse! (*Tirant un diamant de son doigt.*) Mon ami, comme je n'ai pas d'argent sur moi, prenez ce diamant!

JACQUES. Sacré... mille Belzébuth!

LE NÈGRE, *regardant le Directeur.* Défendu à moi rien recevoir des condamnés.

LE DIRECTEUR. C'est vrai!

GEORGES. Ah!

LE NÈGRE. Mais... moi hérite d'eux.

JACQUES, Hein?

LE NÈGRE, *à Georges.* Laissez bague au doigt... demain, quand vous serez mort... moi prendra.

JACQUES, *à part.* Canaille de moricaud!

GEORGES, *au nègre.* Je vous remercie... et au revoir!

Le nègre sort.

LE DIRECTEUR. Vous ne désirez plus rien?

GEORGES, *désignant la fenêtre, à droite.* Si milady, tout à l'heure, était dans l'intention de faire un peu de musique... ne l'en empêchez pas... Je vous en serai reconnaissant... dans ce monde, ce soir, et dans l'autre, (*Souriant.*) demain.

LE DIRECTEUR, *avec surprise et émotion.* Monsieur, le règlement ne défend pas la miousique... je dirai à ces dames...

GEORGES. Merci.

LE DIRECTEUR, *à Jacques.* Monsieur, exhortez-vous encore?

JACQUES. Plus que jamais... vingt-cinq mille diables!

LE DIRECTEUR. Rien. Seulement *plus que jamais*... jusqu'à neuf heures.

JACQUES. Oui... votre sacré règlement!

LE DIRECTEUR, *à part.* Prisonnier et moine... étonnants!

Il sort.

SCÈNE VII

JACQUES, GEORGES, *puis* LE DIRECTEUR.

JACQUES, *sourdement.* Tu offres des diamants... pour te couper le cou... et tu m'envoies promener!

GEORGES. Je le dois, mon bon Jacques... Vous risquez de périr! et, même en cas de succès... je ne vous remercierais pas! (*Allant prendre les lettres sur la table.*) Tiens, charge-toi de ces lettres... — Celle-ci pour toi... celle-là pour père et enfin cette autre... pour...

JACQUES, *lisant l'adresse.* « Mademoiselle Sara de Malmédie!... » la mijaurée qui t'a planté là!...

GEORGES, *tressaillant.* Tu les remettras fidèlement.

Neuf heures sonnent.

JACQUES. Déjà?

GEORGES, *le regardant.* Et au dernier coup...

JACQUES. L'English!

GEORGES. Embrassons-nous. (*Il l'embrasse plusieurs fois.*) Pour toi, Jacques; pour mon père, et embarquez-vous ce soir.

Le Directeur paraît au dernier coup de l'heure.

JACQUES, *trépignant de colère.* Enfer! Tonnerre! Furie! Que les mille cinq cents diables nous pataflolent tous! (*Au Directeur stupéfait.*) Il ne veut pas se convertir, le chenapan!

LE DIRECTEUR, *ému.* C'est fâcheux! car vous devez exhorter vigoureusement, monsieur.

JACQUES. Et il faut filer?

LE DIRECTEUR. C'est le règlement.

GEORGES. Merci et adieu! (*Au Directeur, avec intention.*) car mon compatriote sera obligé de se rembarquer ce soir!

LE DIRECTEUR. Aoh!

JACQUES, *sortant brusquement.* Mille tonnerres! s'en aller bredouille!

LE DIRECTEUR. Bredouille?

SCÈNE VIII

GEORGES, LE DIRECTEUR.

Au dehors, musique. — Harpe et piano.

GEORGES *tressaille et regarde le Directeur en lui désignant la direction du concert.* Merci! (*Le Directeur s'incline.*) Et toujours pas de lettre?

LE DIRECTEUR. Non, monsieur.

Il sort.

SCÈNE IX

GEORGES, *puis* SARA.

GEORGES. Comme elle m'a oublié!... (*Éclatant.*) Voilà ce qui me tue! Voilà pourquoi... j'ai refusé de fuir! (*Il songe, et après un temps, frappé d'une pensée consolante.*) Si je pouvais au moins la revoir dans le sommeil... en rêve!... puisque rêver... c'est tout le bonheur humain! (*Il va s'étendre sur le lit en murmurant.*) Sara! Sara!

Crescendo de musique qui dure un temps. — Apparition de Sara en costume de mariée.

SARA, *sourit à Georges et lui dit :* Non, Georges, je ne t'oublie pas!

GEORGES, *tendant les bras vers elle.* Sara! Sara! ne me quitte pas. (*L'apparition lui adresse un baiser et disparaît. Il se réveille, jette un cri de bonheur et s'élançant.*) Elle était là... là!... Je l'ai vue! (*Se cachant la tête dans les mains, en songeant.*) En rêve! (*Dans la cour, bruit de marteaux. — Tressaillant, il écoute, va à la fenêtre, regarde.*) Voici la vérité... l'échafaud qu'on dresse! (*Frappé d'une idée.*) Je l'ai vue... en robe... de fiancée!... — Non-seulement elle m'a oublié, mais son amour appartient déjà peut-être à un autre!... Et cependant... ne m'a-t-elle pas dit : Je ne t'oublie pas!... Est-ce une vision de l'enfer ou du ciel?... oh! que je souffre! (*Courant à la fenêtre d'où l'on voit les ouvriers dresser l'échafaud.*) Dépêchez-vous, bons ouvriers, et que l'heure vienne vite! (*Six heures sonnent. Comptant les coups avec joie.*) Un, deux, trois, quatre, cinq... six! six heures! encore une heure! — Mais non... on vient.

Il écoute, remonte, la porte s'ouvre, et Georges recule avec un cri devant Sara, couverte d'un manteau et coiffée d'une couronne d'orangers.

SCÈNE X

GEORGES, SARA, MISS HARRIETT, LE DIRECTEUR, SIDNEY, UN MAGISTRAT.

Georges, à l'apparition de Sara, hésite.

SARA, *s'élançant vers lui.* Georges!

GEORGES, *la recevant dans ses bras.* Sara! (*Regardant sa coiffure.*) Cette couronne?...

SARA. Pour vous.

Elle rejette son manteau et paraît en costume de mariée.

GEORGES. Pour moi!

SARA, *avec exaltation.* Georges, je vous aime... et devant Dieu et les hommes, je viens vous le prouver.

GEORGES, *encore incrédule.* Elle!

SARA, *se tournant vers Sidney et le magistrat.* Parlez, messieurs.

SIDNEY, *s'avançant, et à Georges.* Monsieur le gouverneur a reçu hier, en audience, mademoiselle Sara de Malmédie et, sur sa demande, a permis de célébrer aujourd'hui, au dernier instant, son mariage avec vous.

SARA. Consentez-vous?

GEORGES. Mais ce n'est plus un rêve?...

LE MAGISTRAT, *s'avançant.* Voici le contrat. (*Il présente une plume à Georges.*) Veuillez signer.

GEORGES, *saisissant la plume.* Elle... à moi! (*Près de signer, s'arrêtant.*) Non. Je ne puis plus. Je ne dois pas.

SARA. Vous refusez...?

GEORGES, *passionnément.* Parce que je vous aime.

SARA. Georges!

GEORGES. Le mariage est un signal de fête... et je vais mourir! — Le mariage... c'est à jamais être ensemble... et je vais mourir. Le mariage... ce sont les enfants, nés de celle qu'on aime... et je vais mourir!

SARA. Georges!

GEORGES, *lui prenant les mains.* En acceptant mon nom... vous prendriez mon âme!... Ma mort vous frapperait plus cruellement. — Merci de m'être ainsi restée, d'être venue jusqu'ici. Mais ne m'accordez pas plus. — Votre adieu ne doit être que celui d'une sœur de charité.

SARA, *avec passion.* Vous refusez parce que vous avez douté de moi!

GEORGES. Sara!

SARA. Si je ne suis pas venue plus tôt... c'est que je ne m'appartenais pas... et vous voyez quel est mon premier acte de liberté?

GEORGES, *avec amour.* Oh... continuez!...

SARA. Pour aimer... je suis votre égale... En doutant... vous avez donc oublié..?

GEORGES. Rien... mais rappelez-moi tout!

SARA. De cette nuit... où vous m'avez offert de nous dévouer ensemble à ceux qu'on persécute... je me suis nommée votre compagne.

GEORGES. Oui.

SARA. Le lendemain, devant vos ennemis, ai-je accueilli votre demande?... et ma main dans la vôtre, ai-je répondu que la vie que vous m'aviez sauvée, j'étais fière de vous l'offrir?

GEORGES. Oui.

SARA. En apprenant la révolte, je l'ai trouvée juste... et mes vœux ont été pour vous.

GEORGES. Pour moi!

SARA. Votre fuite, votre captivité, j'ai voulu les partager! — Ils m'en ont empêchée... ils le pouvaient encore. — J'ai écrit!... Pas une lettre ne vous est parvenue?

GEORGES. Pas une.

SARA. Oh non!... car vous y auriez vu que nous n'avions qu'une âme et qu'en m'aimant vous avez bien choisi.

GEORGES. Sara!

SARA. Vous y auriez vu qu'une existence ne peut pas en racheter une autre... (*A Sidney.*) Dites, monsieur? (*Serrant la main de miss Harriett.*) N'est-ce pas?

MISS HARRIETT, *très-émue.* Oui — J'étais présente quand mademoiselle de Malmédie a supplié le lord gouverneur d'accepter l'échange de sa vie contre celle du condamné.

SIDNEY, *s'inclinant.* C'est vrai.

GEORGES. Tu as fait cela!

SARA. Et si je veux que tu le saches... c'est que tu as douté de moi.

GEORGES. Comment me le faire pardonner?

SARA. En me croyant digne de toi... (*Elle signe et lui présentant la plume.*) Tiens!

GEORGES, *saisissant la plume et contemplant la jeune fille.* Ah! — Dans la vie d'un martyr j'ai lu que, dans la nuit qui précéda son supplice, un ange lui apparut pour lui sourire et le fortifier. Je me suis écrié : Légende! — J'ai eu tort. (*Signant.*) A toi, Sara.

SARA. A toi, mon Georges.

LE MAGISTRAT. Les témoins?

SIDNEY, *à Georges.* Nous acceptez-vous, M. le directeur et moi?...

GEORGES, *s'inclinant.* Avec reconnaissance, messieurs.

Sidney et le directeur signent.

MISS HARRIETT, *gravement.* Je veux signer aussi.

Elle signe.

LE MAGISTRAT, *à Georges.* Monsieur Georges Munier, acceptez-vous pour femme mademoiselle Sara de Malmédie?

GEORGES. Oui.

LE MAGISTRAT, *à Sara.* Mademoiselle Sara de Malmédie, acceptez-vous M. Georges Munier pour époux?

SARA. Oui.

LE MAGISTRAT. Donc, moi, Diksonn, magistrat notaire, je prononce votre légitime mariage.

Sept heures sonnent. — Une cloche tinte le glas. La porte du fond s'ouvre, paraît le nègre-bourreau, escorté de soldats.

SCÈNE XI

Les Précédents, Le Bourreau, Soldats.

LE DIRECTEUR, à part, à Georges. C'est l'heure.

GEORGES, tressaillant. L'heure!... (Comme malgré lui, saisi de regret de l'existence.) On m'offrait de me sauver... et j'ai refusé! (Revenant à lui et saisissant Sara dans ses bras de manière à lui dérober la vue du bourreau, il l'embrasse sur le front.) Sara, merci... (Il fait signe à miss Harriett d'éloigner la jeune femme.) Et ne restez pas ici...

SARA, se retourne, voit tout, tressaille. Ah!

MISS HARRIETT, la soutenant. Venez, mon enfant.

SARA, avec force et égarement. Non, ce n'est pas vrai. Il ne peut pas mourir! Je ne veux pas. Cette cloche ment. (Courant au bourreau.) Ma fortune!... des millions pour toi... si tu le refuses?... Tu ne peux pas le tuer!... On ne l'a condamné... que parce qu'il voulait... vous sauver!...

Elle chancelle.

GEORGES, s'élançant vers elle. Tu vois ce que tu souffres!... (La remettant aux bras de miss Harriett.) Je vous en supplie... éloignez-vous. J'ai besoin de mon courage...

SARA, à demi évanouie. Mon Georges!

GEORGES, se tournant vers les assistants, au directeur, et rapidement à mi-voix. Venez, messieurs.

Musique. — Sortie du cortège par la porte de gauche.

SCÈNE XII

SARA, HARRIETT.

SARA, revenant à elle. Toujours cette cloche!... (Regardant autour d'elle.) Où est-il!

MISS HARRIETT. Sara!

SARA, tombant à genoux. Mon Dieu!... Non, non... vous n'avez pas pu me donner à lui pour le jeter au bourreau! Non... non!...

Elle se lève et veut aller à la fenêtre à gauche.

MISS HARRIETT, l'arrêtant. Sara!

SARA, l'écartant violemment. Je veux voir!... J'espère encore! (A la fenêtre, avec une exclamation d'horreur.) Ah!... cet infâme Henri... qui est là!...

MISS HARRIETT, voulant l'éloigner. Venez...

SARA. Non! — D'ici... Georges me verra... et il ne verra pas l'autre? Tiens, il m'a vue... me sourit. (Sanglotant et envoyant des baisers.) Mon Georges!... (Se rejetant en arrière avec un cri.) Ah! le... le... bourreau!

Elle tombe évanouie par terre. Coup de feu suivi de fusillade.

Immédiatement, les trois coups. — Pour entr'acte, l'orchestre traduit un combat.

HUITIÈME TABLEAU

EN MER

A bord de la corvette *la Calypso*, après la bataille.

L'entrepont de la corvette, avec deux batteries de canons. Désordre et pêle-mêle d'armes, de cordages, d'affûts démontés. — A droite et à gauche, par l'ouverture des sabords avariés par le combat, perspective de la mer.

SCÈNE PREMIÈRE

Les Matelots, puis MUNIER, JACQUES, GEORGES.

Au lever du rideau, les matelots, dans une joie délirante, sont occupés à ranger, nettoyer, danser, chanter, jetant leurs coiffures en l'air, etc., etc... C'est l'enthousiasme de la victoire.

CHŒUR.

Braves combattants,
Après la victoire,
Vive le bon temps,
Pour fêter sa gloire!

UN MATELOT DE GARDE. Attention! le capitaine!

Paraissent, venant du fond, en tenue de combat, Munier, Jacques, Georges.

L'ÉQUIPAGE. Vive le capitaine!

JACQUES, rayonnant, s'élançant sur une batterie et se découvrant. Vive l'équipage de la *Calypso*, la plus crâne corvette de France et d'Angleterre! car elle vient d'incendier, de couler bas, un trois-mâts anglais deux fois gros comme elle. — Mes enfants, je viens de l'ambulance. — Les morts sont enterrés, les blessés dorlotés. — A vous autres, maintenant. Vous restez une vingtaine... Eh bien, à ceux-là je leur déclare... que si j'avais vingt filles à marier, vous seriez tous mes gendres!

L'ÉQUIPAGE. Vive le capitaine!

JACQUES. Et savez-vous pourquoi, mes chers sacripants? Parce que là-bas, sur terre, vous avez été des sans-pareils pour jouer de la carabine, du sabre, de la hache, de l'escalade, de l'enlèvement et des jambes! Vous saviez que c'était pour la famille du capitaine... Nom d'un tonnerre! a-t-on été complet! — Et ensuite, en mer, quand la chasse a commencé!... O mes matelots, timoniers, canonniers, cambusiers, avez-vous été des amours, pour les aveugler de mitraille!... Les avez-vous troués, démâtés, rasés, incendiés, coulés!... Mes enfants,.. Trafalgar, Aboukir et *le Vengeur*... tout ça est vengé en miniature! — A Paris, je vous dénonce tous pour la légion d'honneur. — Et si on m'objecte que nous sommes des corsaires,.. je leur riposte : Trente mille chenapans de not' calibre... et la France... c'est le monde! Vlan!

L'ÉQUIPAGE. Vive le capitaine!

JACQUES. Et sur ce, camarades, débarrassez-moi le pont.. Après le branle-bas de combat, branle-bas de plaisir : double ration, triple paye, tremblement de joie, tout le temps de la traversée. Ce soir, sur le pont, souper monstre à faire loucher la lune et les étoiles!

L'ÉQUIPAGE. Vive le capitaine!..

GEORGES, s'élançant à son tour sur la batterie. Et quand nous serons sur la terre française, camarades... à mon tour de vous fêter!

JACQUES. A son tour!

L'ÉQUIPAGE. Vivent les Munier!

MUNIER, au milieu, en observation. Ici... tous les aiment!

Les matelots se dispersent pour les préparatifs commandés.

SCÈNE II

MUNIER, JACQUES, GEORGES.

JACQUES, à Munier, ému, qui contemple ses deux fils. Eh bien, père?

MUNIER. Eh bien!... Cette fois... je vous ai... et si je pouvais vous garder!

JACQUES, gaiement. Je crois que ça se pourra. (Mouvement de Munier.) Car votre sauvetage est forcément ma dernière campagne!

MUNIER. Ah!

GEORGES. Je le crois aussi!...

JACQUES. Vous comprenez qu'un petit corsaire qui fait une descente à mitraille dans une colonie anglaise pour y enlever hommes et femmes... qui ensuite incendie et coule bas le vaisseau-gendarme qui court après lui... ce corsaire-là... a eu trop de chance pour que ça se renouvelle! — Pour l'équipage et moi, la corde est certaine. — A quoi bon? Nous sommes riches, bien portants, c'est pour en jouir! — Père, nous sommes et nous resterons ensemble... N'est-ce pas, Georges?

GEORGES. Oui, père!

MUNIER. Mais c'est trop de joie!

JACQUES. Cet excès-là n'est pas un défaut. (A Georges.) Et sais-tu que ta femme est digne de la famille? Je viens de la voir avec sa miss Harriett... à l'ambulance!

GEORGES. Elle y était durant le combat...

JACQUES. Cette femme a du fonds.

MUNIER. Oui, Georges a bien choisi!... Cependant l'émotion et trop de fatigue...

GEORGES. Seraient à craindre... oui, père!

JACQUES. Va la rejoindre... et sois tranquille. — On vous dispense du souper, et, dans une demi-heure, nous vous souhaiterons le bonsoir... dans un petit appartement... Je ne te dis que ça... Va, j'irai l'avertir!

Les trois Munier, émus tous par le même sentiment, s'entre-regardent avec émotion.

JACQUES, éclatant de rire. Nous craquons tous les trois de bonheur!... et pourtant... je jure que c'est moi le plus heureux!

GEORGES. Non. — c'est moi!...

MUNIER, les regardant. Non — c'est moi!

Vivat des matelots sur le pont.

JACQUES, désignant le pont. Et l'équipage crie que c'est toi! (Haut.) Savez-vous pourquoi? — C'est chacun qui est le plus heureux! (Serrant la main de Georges.) Va... j'irai te chercher.

Georges serre à chacun la main, silencieusement, et sort par le fond, à droite.

SCÈNE III

MUNIER, JACQUES, puis DES MATELOTS.

JACQUES. Il a la joie silencieuse.

MUNIER, à part. Moi... je l'ai encore craintive! (Résolûment.) et je veux être tranquille. (A Jacques qui vient de donner un coup de sifflet.) Tu vas tout faire préparer ici?

Il sort à droite.

JACQUES. Et ça ne sera pas long. (A un matelot qui paraît.) Tout est prêt?

LE MATELOT. Oui, capitaine.

JACQUES. Allons-y!

Musique. — Le matelot ressort, et aussitôt, du fond et de la gauche, reparaissent d'autres matelots qui, avec rapidité, au moyen de tentures et de cloisons mobiles, installent, à gauche, une élégante chambre avec canapé, fauteuils, glace, tapis, etc. — Ce changement, par son pittoresque d'exécution, est à régler comme tableau spécial. — Le tout terminé.

LES MATELOTS, viennent se ranger devant Jacques, d'une main, le saluent militairement; de l'autre, lui désignent la chambre. Voilà, capitaine.

JACQUES, qui a tiré sa montre. En cinq minutes... un déménagement! — Bravo! — Merci, les enfants, et à tout à l'heure sur le pont.

LES MATELOTS. Vive le capitaine!

Ils sortent en ordre par le fond.

JACQUES, riant. Si je n'étais pas un bon vivant, ce ne serait pas faute de me l'entendre crier!

Durant ce qui précède, Munier, sorti par le fond, a reparu à droite, dans le compartiment contigu à la chambre. Il va vers la porte de communication fermée par une draperie, écoute pour s'assurer si on entend.

MUNIER. On entend bien d'ici!

Il soulève la tenture et rejoint Jacques, au moment où les matelots s'en vont.

SCÈNE IV.

JACQUES, MUNIER.

JACQUES, lui désignant la chambre. Eh bien, père, qu'en dites-vous?

MUNIER. Charmant, mon brave Jacques.

JACQUES. Alors, je puis chercher la noce?

MUNIER. Pas encore! — Tu vas me laisser un instant seul, dans l'entrepont.

JACQUES. Ah!...

MUNIER. Et jusqu'à ce que je t'avertisse, veille à ce que personne ne me dérange. M'entends-tu bien?

JACQUES. Personne.

MUNIER. Je te dirai tout demain.

JACQUES, remonte et se retournant, souriant. Papa, personne ne te dérangera. — J'attendrai que tu m'avertisses... et tu me diras tout, demain...

MUNIER. Merci.

Jacques sort par le fond.

SCÈNE V

MUNIER, puis HENRI, et LES DEUX NOIRS.

Munier reparaît à droite, va ouvrir une porte au fond et introduit Henri, les mains garrottées, escorté des deux nègres muets du deuxième acte et qui, sur un signe de Munier, se retirent au fond, les yeux braqués sur le prisonnier.

MUNIER, à Henri. Vous étiez dans la chaloupe de sauvetage, qui, dans la nuit, fuyait le navire en flammes... — C'est moi et quelques noirs qui avons recueilli les naufragés. En vous reconnaissant, je vous ai mis à part, me demandant comment vous pouviez espérer un refuge à un bord où j'étais avec mes fils. (Mouvement d'Henri.) D'où vient cela?... puisque vous noyer... vous était une mort facile. (Henri ne répond pas.) Pensiez-vous que les trois Munier vous pardonneraient? Non. — Vous n'avez pu vous livrer que dans un désespoir de haine, avec l'arrière-pensée de peut-être trouver à mettre le feu à nos poudres! — Est-ce cela? — Vous ne répondez pas?

HENRI. Allons... pas tant de paroles!... Assassine-moi, (Étendant ses mains liées.) ça te sera facile.

MUNIER. Aussi facile... que vous l'a été la mort du vieux Télémaque qui ne vous avait rien fait... que vous pouviez vous borner à tuer simplement... et que vous avez préféré lier, nu, à un poteau pour le déchirer en silence! — Pour étouffer ses cris, vous lui avez broyé la langue... (Lui présentant la paire de fer.) avec ceci. (Mouvement d'Henri qui recule d'un pas.) Oui, je l'ai gardée... puisque c'est si commode! (Les nègres du fond, saisis d'agitation, se regardent et se parlent précipitamment, par signes, en indiquant l'instrument du supplice et font quelques pas vers Henri avec des yeux flamboyants. Henri, qui a vu le mouvement, recule. — L'observant.) Vous les avez reconnus. Ce sont vos deux muets. — Oh! vous êtes bien gardé. (Après une pause.) — Cette agonie de Télémaque vous la réserviez à Georges. — Vous avez payé Antonio pour l'espionner, le frapper... — Durant le procès, vous vous êtes fait Anglais pour acheter, comme greffier, la joie de lire l'arrêt de mort et d'assister à l'exécution. — Ce matin, je vous ai vu sourire, au pied de l'échafaud. — Nous le délivrons... vous le poursuivez sur mer... et, en ce moment, vous le cherchez encore. (Allant aux nègres.) Je suis sûr qu'il vous a questionnés sur la mort de mes enfants. (Les noirs font signe : Oui.) J'ai deviné! — Ah! c'est bien la chasse à l'homme. — Vous chassez mes enfants, et c'est vous qui êtes pris! — Que feriez-vous à ma place?

HENRI. Eh bien! venge-toi donc! — Je m'attends à tout!...

MUNIER. Me venger!... Non!... car quoi que je fasse, ce serait justice! Si je désirais du sang, comme vous le faites couler... vous! goutte à goutte, je n'aurais qu'à vous jeter à ces deux hommes qui vous ont demandé et vous espèrent encore!... Regardez-les!... Votre mort est dans leurs yeux.

HENRI, tressaillant et comme malgré lui. Vous... ne le ferez pas!

MUNIER. Non, car en expirant vous diriez que je vous ressemble. — Le châtiment que j'ai choisi... tu le portes en toi... pauvre garçon, formé d'envie et d'orgueil! (Mouvement d'Henri.) Tiens! tu pâlis déjà parce que je te tutoie... — En ce moment, dans mes mains, sans espérance... si tu ne t'es pas tué c'est qu'auparavant tu voudrais apprendre au moins que, dans notre fuite, un deuil, la misère, un malheur quelconque les a frappés... ces Munier détestés — Tu es haletant de ne rien savoir. Eh bien! je vais t'en donner des nouvelles. — Nous vivons tous! — Pas même une blessure. — Nous sommes fugitifs... mais heureux de l'être. La richesse et l'amour créent le ciel partout!... (Mouvement d'Henri.) La fortune de Georges et de Jacques est en sûreté. La mienne... dans ce portefeuille, avec celle de Sara. — Voilà qui nous assure l'existence paisible en France, un pays où l'on juge d'après les œuvres, et non d'après la peau. — Ah! nous serons parmi les plus fêtés, et tu n'en doutes pas!

HENRI, sourdement. Que m'importe!

MUNIER. Si. — Tu es livide.

HENRI. Et toi, joyeux? —

MUNIER. Joyeux et tranquille... (Henri le regarde.) Personne que moi ne sait ici que tu es prisonnier et je veux surtout que Georges et Sara l'ignorent aujourd'hui. (Henri le regarde.) Ils sont de ceux que le bonheur rend généreux. Ils te feraient peut-être grâce!...

HENRI. Tu en as peur?...

MUNIER. Oui... car te laisser vivre... toi..., c'est en tuer d'autres! Et puis... ta présence à bord, s'ils la connaissaient, leur serait, cette nuit, comme un nuage... (Avec intention.) à *ces jeunes mariés du matin...*

HENRI, sourdement. Tais-toi!

MUNIER, allant soulever la tenture, à gauche. Vois cette chambre... C'est la leur.

HENRI, s'élançant dans la chambre où le suit Munier. C'est ici! (Soudainement.) Non, tu mens! s'il était vivant tu me l'aurais montré! il ne viendra pas avec elle. — Dans ce combat, il a dû être tué, blessé! (S'oubliant dans sa haine.) Je n'ai visé que sur lui.

MUNIER, s'élançant, formidable. Tu n'as visé que sur lui! Et... il me le dit... l'imbécile! (Après une pause.) Eh bien! je te les montrerai tous les deux... elle et lui!

HENRI, avec égarement. Elle et lui!... Ici!

MUNIER. Ici. — Mais toujours... sans qu'ils s'en doutent.

HENRI, comme devenant fou de rage et criant. Je veux qu'ils le sachent. — Ils m'entendront, infâme mulâtre! (S'élançant hors la chambre). Geor...

Il ne peut achever. — Sur un signe, les noirs ont bondi sur Henri et lui plongent dans la bouche la paire de fer tendue par Munier, puis ils le bâillonnent...

MUNIER. Ils n'entendront pas.

A droite, les nègres entraînent Henri sur un affût où il tombe, brisé.

SCÈNE VI

JACQUES et SARA, puis GEORGES, puis MUNIER.

MUNIER rabat la tenture et va au fond, à gauche, appelant. Jacques! Jacques!

JACQUES, rentrant, porteur d'un flambeau à plusieurs branches allumées. Ils vont venir. — (Riant.) Je suis le porte-flambeau de l'hyménée! — Celui qui, ce matin, m'aurait dit ça, m'aurait bien étonné!

Au dehors, vivat des matelots.

Entrent par le fond Georges et Sara.

GEORGES et SARA, avec geste de surprise. Ah!

GEORGES, désignant Sara. Sa surprise vaut le plus beau compliment...

MUNIER, avec émotion, au milieu d'eux. Chers enfants... c'est le dévouement qui a passé par là. — Au lieu de haine... l'amour d'un père... qui veille sur vous... mes bien-aimés!

Il leur tend les bras.

GEORGES et SARA, s'y jetant. Mon père!...

Vivat au dehors.

JACQUES, souriant. Partout la joie! — Il faudra même vous résigner à ce bruit-là... un peu, toute la nuit.

SARA, souriante. Les chants de fête... ne troublent pas, capitaine...

JACQUES, s'inclinant. Merci pour l'équipage! (Serrant la main de Georges.) et bonheur pour tous...

Georges leur serre la main et reconduit au fond son père et Jacques qui sortent.

SCÈNE VII

GEORGES, SARA, dans la chambre à gauche; à droite, HENRI, Les Deux Nègres, puis MUNIER.

Sara s'est assise rêveuse sur le canapé, en face de la porte de communication.

GEORGES, au fond, se retourne et contemple Sara, puis il s'approche et s'agenouillant devant elle. Sara!...

SARA, tressaillant. Georges...

GEORGES. Je n'ose pas encore y croire!... Dis-moi que tout est vrai!...

SARA, souriant. Tout est vrai...

GEORGES. Ah! jamais... je n'ai rêvé l'extase qui rayonne en moi!

Il la regarde dans une muette adoration. — A droite, au fond, Munier, a reparu, regarde un sabord ouvert sur la mer. — A son entrée, Henri s'est levé et l'a suivi des yeux.

MUNIER, allant à Henri. Je t'ai promis de te les montrer.

Il soulève doucement, à gauche, la portière de communication et désigne, agenouillé aux pieds de Sara, Georges enlaçant des deux bras la taille de la jeune fille.

GEORGES. Mon adorée, à toi... pour la vie, pour toujours!

SARA, laissant tomber sa tête sur l'épaule du jeune homme. Mon Georges!

Henri, comme frappé par la foudre, se rejette en arrière, les poings sur les yeux.

MUNIER, laissant retomber la tenture. Tu as vu!... entendu!...

Henri, éperdu, regarde autour de lui, voit le sabord ouvert, monte sur l'affût voisin de l'ouverture et se précipite à la mer, tandis que, d'un geste, Munier arrête les noirs qui ont voulu s'élancer.

MUNIER, qui a suivi Henri des yeux, regarde la chambre de Georges et de Sara. Maintenant... je suis tranquille. (Aux noirs.) Allons, enfants, sur le pont... nous réjouir.

Au dehors, reprise du chant des matelots.

FIN

IMPRIMERIE GÉNÉRALE DE CHATILLON-SUR-SEINE, JEANNE ROBERT

CALMANN LÉVY, ÉDITEUR, RUE AUBER, 3, ET BOULEVARD DES ITALIENS, 15, A LA LIBRAIRIE NOUVELLE

Extrait du Catalogue de la collection MICHEL-LÉVY et de la Librairie Nouvelle, à 1 fr. 25 le volume

F. PONSARD
Études antiques . . . 1
A. DE PONTMARTIN
Contes d'un pl. de cheveux . 1
Contes et Nouvelles . . . 1
La Fin du procès 1
Mémoires d'un Notaire . . 1
Or et Clinquant 1
Pourq. je reste à la camp. . 1
L'ABBÉ PRÉVOST
Manon Lescaut 1
ANNE RADCLIFFE *Tr. Fournier*
La Forêt ou l'Abbaye . . 1
L'Italien, ou Confessionnal . 1
Julia ou les Souterrains . . 1
Mystères du chât. d'Udolphe 2
Visions du chât. des Pyrén. . 1
RAYBAUD-BOULÉGEN
Une Conversion 1
ERNEST RENAN
Jésus (in-32 [illegible]) . . 1
H.-R. REVOIL *Traducteur*
Le Chasseur américain . . 1
Les Harems du N.-Monde . 1
LOUIS REYBAUD
Ce qu'on voit dans une rue 1
César Falempin 1
La Comtesse de Mauléon . 1
Le Coq du Clocher . . . 1
Dernier des Commis voyag. 1
Édouard Mongeron . . . 1
L'Industrie en Europe . . 1
J. Paturot. — République . 1
— Position sociale . 1
Marie Brontin 1
Mathias l'Humoriste . . . 1
Pierre Mouton 1
La Vie à rebours 1
La Vie de Corsaire . . . 1
M. REYNOLDS
Les Drames de Londres. —
— Frères de la Résurrection 1
— La Taverne du diable 1
— Mystères du Cabinet n.[illegible] 1
— Malh. d'une jeune fille . 1

— Le Secret de Rosemonde . 1
— Le Fils du Bourreau . . 1
— Les Pirates de la Tamise 1
— Les Deux Misérables . . 1
— Les Bohémiens du château . 1
— Le Souv. Mont-Christo . 1
CLÉMENCE ROBERT
L'Ange du peuple 1
Les Anges de Paris . . . 1
L'Avocat du peuple . . . 1
Le Magicien de la barrière d'Enfer 1
Les Mendiants de la mort . 1
Les Mendiants de Paris . 1
La Misère dorée 1
Le Poëte du peuple . . . 1
Les Sergents de la Rochelle . 1
REGINA ROCHE *Trad. Fournier*
Les Enfants de l'Abbaye[illegible] . 1
AMÉDÉE ROLLAND
Les Martyrs du Foyer . . 1
JEAN ROUSSEAU
Paris dansant 1
JULES DE SAINT-FÉLIX
Le Gant de Diane . . . 1
Mademoiselle Rosalinde . . 1
Scèn. de la Vie de Gentilh. 1
GEORGE SAND
Adriani 1
Les Amours de l'âge d'or . 1
Autour de la table . . . 1
Le Château des Désertes . 1
Le Comp. du Tour de France 2
La Comtesse de Rudolstadt 2
Consuelo 3
Les Dames vertes . . . 1
La Daniella 2
Le Diable aux Champs . 1
La Filleule 1
Flavie 1
Histoire de ma Vie . . . 10
L'Homme de Neige . . . 3
Horace 1
Isidora 1
Jeanne 1

Lélia. — Métella. — Cora. 2
Lucrezia Floriani. — Lavinia 1
Le Meunier d'Angibault . 1
Narcisse 1
Pauline 1
Le Péché de M. Antoine . 2
Le Piccinino 2
Prom. autour d'un village . 1
Le Secrétaire intime . . 1
Simon 1
Teverino. — Léone Léoni . 1
JULES SANDEAU
Catherine 1
Mademoiselle de Kérouare . 1
Sacs et Parchemins . . . 1
EUGÈNE SCRIBE
Théâtre : — Opéras . . . 1
— Comédies-Vaudevilles . . 1
FRÉDÉRIC SOULIÉ
Au Jour le Jour 1
Aventures de Sat. Fichet . 1
Le Bananier. Eulalie Pontois 1
Le Château des Pyrénées . 2
Le Comte de Foix . . . 1
Le Comte de Toulouse . . 1
La Comtesse de Monrion . 1
Confession générale . . 2
Le Conseiller d'État . . 1
Contes pour les enfants . 1
Les Deux Cadavres . . . 1
Diane et Louise 1
Les Drames inconnus . . 4
Un Été à Meudon . . . 1
Les Forgerons 1
Huit jours au Château . 1
Le Lion amoureux . . . 1
La Lionne 1
Le Magnétiseur 1
Le Maître d'école . . . 1
Un Malheur complet . . 2
Marguerite 1
Les Mémoires du Diable . 3
Le Port de Créteil . . . 1
Les Prétendus 1

Les Quatre Époques . . . 1
Les Quatre Napolitaines . 2
Les Quatre Sœurs . . . 1
Un Rêve d'Amour . . . 1
Sathaniel 1
Si Jeunesse savait... . . 2
Le Vicomte de Béziers . . 2
ÉMILE SOUVESTRE
Les Anges du Foyer . . 1
Au bord du Lac 1
Au bout du Monde . . . 1
Au coin du Feu 1
Causeries histor. et littér. 2
Chroniques de la Mer . . 1
Les Clairières 1
Confessions d'un ouvrier . 1
Contes et Nouvelles . . 1
Dans la Prairie 1
Les Derniers Bretons . . 2
Les Derniers Paysans . . 1
Deux Misères 1
Les Drames parisiens . . 1
L'Échelle de Femmes . . 1
En Bretagne 1
En Famille 1
En Quarantaine 1
Le Foyer breton . . . 2
La Goutte d'Eau . . . 1
Histoires d'autrefois . . 1
L'Homme et l'Argent . . 1
Loin du Pays 1
La Lune de miel . . . 1
La Maison rouge . . . 1
Le Mari de la fruitière . 1
Le Mât de Cocagne . . 1
Le Mémorial de famille . 1
Le Mendiant de Saint-Roch 1
Le Monde tel qu'il sera . 1
Le Pasteur d'hommes . . 1
Les Péchés de Jeunesse . 1
Pendant la Moisson . . 1
Philosophe sous les toits . 1
Pierre et Jean 1
Récits et Souvenirs . . 1
Pensées [illegible] . . . 1

Les Réprouvés et les Élus . 2
Riche et Pauvre 1
Le Roi du Monde . . . 2
Scènes de la Chouannerie . 1
Scènes de la Vie intime . 1
Scènes et Récits des Alpes . 1
Les Soirées de Meudon . 1
Sous la tonnelle 1
Sous les Filets 1
Sous les ombrages . . . 1
Souvenirs d'un Bas-Breton 2
Souvenirs d'un Vieillard . 1
Sur la Pelouse 1
Théâtre de la Jeunesse . 1
Trois Femmes 1
Trois mois de vacances . 1
La Valise noire 1
MARIE SOUVESTRE *Trad.*
Paul Ferroll 1
DANIEL STAUBEN
Scèn. de Vie juive en Alsace 1
DE STENDHAL
De l'Amour 1
La Chartreuse de Parme . 1
Chroniques et Nouvelles . 1
Promenades dans Rome . 2
Le Rouge et le Noir . . 1
DANIEL STERN
Nélida 1
STERNE
Voyage sentimental . . . 1
EUGÈNE SUE
La Bonne Aventure . . . 2
Le Diable médecin . . . 3
— Adèle Verneuil . . . 1
— Clémence Hervé . . . 1
— La Grande Dame . . 1
Les Fils de Famille . . . 3
Gilbert et Gilberte . . . 3
Les Secrets de l'Oreiller . 3
Les Sept Péchés capitaux. 6
L'Orgueil 2
L'Envie, la Colère . . . 1
La Luxure, la Paresse . 1

L'Avarice, la Gourmand. 1
Mme SURVILLE
Balzac, sa vie et ses œuvres 1
E. TEXIER
Amour et Finance . . . 1
W. THACKERAY *Tr. W. Hughes*
Mémoires d'un valet de pied 1
LOUIS ULBACH
Suzanne Duchemin . . . 1
La Voix du Sang . . . 1
OSCAR DE VALLÉE
Les Manieurs d'argent . . 1
VALOIS DE FORVILLE
Le Comte de Saint-Pol . . 1
Le Conscrit de l'An VIII . 1
Le Marquis de Pazaval . 1
MAX VALREY
Marthe de Montbrun . . 1
V. VERNEUIL
Mes Aventures au Sénégal . 1
LE DOCTEUR L. VÉRON
Mém. d'un bourg. de Paris 3
PIERRE VÉRON
Maison Amour et Co. . . 1
Les Marchands de Santé . 1
Paris s'amuse 1
Le Roman de la Femme à barbe 1
ALFRED DE VIGNY
Laurette ou le Cachet rouge 1
La Veillée de Vincennes . 1
Vie, mort du cap. Renaud . 1
CH. VINCENT ET DAVID
Le Tueur de Brigands . . 1
L. VITET
Les États d'Orléans . . 1
J. DE WAILLY FILS
Scènes de la Vie de Famille 1
FRANCIS WEY
Londres il y a cent ans . 1
E. YEMENIZ
La Grèce moderne . . . 1

PUBLICATIONS IN-4°, A 10 CENTIMES LA LIVRAISON

MUSÉE LITTÉRAIRE DU SIÈCLE ET MUSÉE CONTEMPORAIN

ROGER DE BEAUVOIR fr. c.
Le Chev. de St-Georges . » 90
Le Chevalier de Chasny . » 90
CHARLES DE BERNARD
Un Acte de vertu . . . » 50
L'Anneau d'argent . . . » 50
Une Avent. de Magistrat . » 50
La Cinquantaine . . . » 50
La Femme de 40 ans . . » 50
Le Gendre . . . . . » 50
L'Innocence d'un Forçat . » 30
La Peine du talion . . » 50
Le Persécuteur . . . » 30
CHAMPFLEURY
Grands hom. du ruisseau 1 60
LA COMTESSE DASH
Les Galanteries de la cour de Louis XV . . 3 »
La Jeunesse de Louis XV » 90
Les Maîtresses du roi . » 90
Le Parc aux Cerfs . . » 90
La Régence . . . . » 90
ALEXANDRE DUMAS
Acté . . . . » 90
Amaury . . . . . . » 90
Ange Pitou 1 80
Ascanio 1 80
Aventures de John Davis 1 30
Les Baleiniers . . . 1 30
Le Bâtard de Mauléon . 2 40
Black . . . . » 90
La Boule de neige . . » 90
Bric-à-Brac 1 30
Le Capitaine Paul . . » 70
Le Capitaine Richard . » 90
Catherine Blum . . . » 60
Causeries. — Les Trois Dames 1 30
Charles le Téméraire . 1 50
Le Château d'Eppstein . 1 50
Le Chevalier d'Harmental . 1 80
Le Chev. de Maison-Rouge . 1 80

Le Collier de la Reine . 3 50
Le Colonel — Murat . » 50
Les Compagnons de Jéhu . 2 10
Comte de Monte-Cristo . 5 10
La Comtesse de Charny . 6 80
La Comtesse de Salisbury 1 80
Confessions de la Marq. 1 80
Conscience l'innocent . 1 20
La Dame de Monsoreau . 2 70
La Dame de Volupté . . 1 80
Les Deux Diane . . . 2 70
Les Deux Reines . . . 1 50
Dieu dispose 1 80
Les Drames de la Mer . » 90
Fem. au coll. de velours » 90
Fernande . . . . . » 90
Une Fille du Régent . » 90
Les Frères corses . . » 50
Gabriel Lambert . . . » 50
Gaule et France . . . » 90
Georges . . . . . . » 90
Un Gil Blas en Californie » 90
La Guerre des Femmes . 1 80
Hist. d'un Casse-Noisette » 50
L'Horoscope . . . . » 90
Impressions de voyage :
L'Arabie heureuse . . 2 50
Le Capitaine Arena . » 90
Le Corricolo 1 30
De Paris à Cadix . . 1 80
En Suisse 2 70
Quinze Jours au Sinaï . » 90
Le Speronare 1 80
Le Véloce 1 80
La Villa Palmieri . . » 90
Ingénue 1 80
Isabel de Bavière . . 1 10
Italiens et Flamands . 1 10
Ivanhoe 1 80
Jehanne la pucelle . . » 90
Les Louves de Machecoul 2 70
Madame de Chamblay . 1 80
La Maison de glace . . 1 10

Maître Adam le Calabrais . . . . » 70
Le Maître d'armes . . » 90
Mariages du père Olifus » 90
Les Médicis . . . . » 90
Mes Mémoires.
— Première . . . . 5 »
— Deuxième 5 50
Mém. de Garibaldi . . 1 50
1re série Séparément . » 90
2e série (—) . » 90
Mémoires d'une Aveugle . 1 80
Mémoires d'un Médecin (Balsamo) 4 50
Le Meneur de Loups . . » 90
Les Mille et un Fantômes » 90
Les Mohicans de Paris . 3 60
Les Morts vont vite . . 1 80
Une Nuit à Florence . » 90
Olympe de Clèves . . 2 70
Pascal Bruno . . . . » 50
Le Page du duc de Sav. 1 80
Pauline . . . . . . » 50
La Pêche aux filets . . » 50
Le Père Gigogne . . . 1 80
Le Père la Ruine . . . » 90
La Princesse Flora . . » 90
Les Quarante-cinq . . 2 70
La Reine Margot . . . 1 80
La Route de Varennes . » 90
El Salteador . . . . » 90
Salvator . . . . . . 5 »
Souvenirs d'Antony . . » 90
Sylvandire . . . . . » 90
Le Test. de M. Chauvelin » 90
Les Trois Mousquetaires . 1 70
Le Trou de l'Enfer . . » 90
Le Vicomte de Bragelonne . 5 40
La Vie au désert . . . 1 50
Une Vie d'Artiste . . » 90
Vingt Ans après . . . 2 70
ALEX. DUMAS FILS
Césarine . . . . . . » 50

La Dame aux Camélias . » 90
Un Paquet de lettres . » 50
Le Prix de Pigeons . . » 50
RAYMOND ERMA
Fem. du demi-monde . » 90
PAUL FÉVAL
Le Bossu . . . . . 5 »
Le Fils du Diable . . 6 »
Le Tueur de Tigres . . » 90
CHARLES HUGO
La Bohème dorée . . 1 50
CH. JOBEY
L'Amour d'un Nègre . . » 90
ALPHONSE KARR
La Pénélope normande . » 90
Sous les Tilleuls . . » 90
A. DE LAMARTINE
Les Confidences . . . 1 50
L'Enfance . . . . . » 50
Geneviève . . . . . » 90
Graziella . . . . . » 90
Héloïse et Abélard . . » 90
La Jeunesse . . . . » 60
Régina . . . . . . » 50
FÉLIX MAYNARD fr. c.
L'Insurrection de l'Inde » 90
MÉRY
Un Acte de désespoir . » 50
Bonheur d'un Millionn. » 50
Château des trois Tours . » 50
Le Château d'Udolphe . » 50
Conspiration au Louvre . » 90
Diam. aux mille facettes » 60
Histoire de ce qui n'est pas arrivé . . . . » 50
Les Nuits anglaises . . » 90
Les Nuits italiennes . . » 90
Simple histoire . . . » 70
EUGÈNE DE MIRECOURT
Conf. de Marion Delorme 3 50
Conf. de Ninon de Lenclos 3 50

HENRY MURGER
Les Amours d'Olivier . » 30
Le Bonhomme Jadis . . » 30
Madame Olympe . . . » 50
Mme Prosteau aux chauteng. » 30
Le Manchon de Francine » 30
Scèn. de la vie de Bohème » 90
Le Souper des Funérailles » 30
GEORGE SAND
Adriani . . . . . . » 90
La Daniella 1 80
Le Diable aux champs . » 90
Elle et lui . . . . . » 90
La Filleule . . . . . » 90
L'Homme de neige . . 2 70
Jean de la Roche . . . 1 50
Les Maîtres Sonneurs . 1 20
Le Marquis de Villemer . 1 50
Mont-Revêche 1 50
Narcisse . . . . . . » 90
JULES SANDEAU
Sacs et Parchemins . . » 90
EUGÈNE SCRIBE
Proverbes . . . . . » 70
FRÉDÉRIC SOULIÉ
Au jour le jour . . . » 70
Avent. de Saturnin Fichet 1 30
Le Bananier . . . . . » 50
La Comtesse de Monrion » 70
Confession générale . . 1 80
Les Deux Cadavres . . » 70
Les Drames inconnus . 2 80
La Maison no 3 de la rue de Provence . . . . » 70
Aventures d'un Cadet . » 70
Amours de Vict. Bonsenne » 70
Olivier Duhamel . . . » 70
Eulalie Pontois . . . » 30
Les Forgerons . . . . » 70
Huit Jours au château . » 70
Le Lion amoureux . . » 30
La Lionne . . . . . » 70

Le Maître d'École . . . »
Marguerite . . . . . » [illegible]
Les Mémoires du Diable . 2
Le Port de Créteil . . . »
Les Quatre Napolitaines . 1
Les Quatre Sœurs . . . »
Si Jeunesse savait, si Vieillesse pouvait . . . 1
ÉMILE SOUVESTRE
Deux Misères . . . . . »
L'Homme et l'Argent . . »
Jean Plébeau . . . . . »
Le Mendiant de St-Roch . »
Pierre Landais . . . . »
Les Réprouvés et les Élus . 1
Souven. d'un Bas-Breton 1
EUGÈNE SUE
La Bonne Aventure . . . 1
Le Diable médecin . . . 2
La Belle-Fille . . . . »
La Femme de lettres . »
La Femme séparée de corps et de biens . . »
La Grande Dame . . »
La Lorette . . . . . »
Les Fils de famille . . . 2
Gilbert et Gilberte . . . 2
Les Mémoires d'un Mari . 2
Mariage de convenance . 1
Un Mariage d'argent . »
Mariage d'inclination . »
Les Secrets de l'Oreiller . . 2
Les Sept Péchés capitaux 3
L'Avarice . . . . . . »
La Colère . . . . . »
L'Envie . . . . . . »
La Gourmandise . . . »
La Luxure . . . . . »
L'Orgueil 1
La Paresse . . . . . »
VALOIS DE FORVILLE
Le Conscrit de l'an VIII » 90

ŒUVRES ILLUSTRÉES D'ALEXANDRE DUMAS

MAGNIFIQUE ÉDITION ORNÉE D'UN GRAND NOMBRE DE GRAVURES DANS LE TEXTE ET HORS TEXTE, PAR MM. J.-A. BEAUCÉ, G. STAAL, ANDRIEUX, COPPIN, ETC., ETC.

CHAQUE OUVRAGE SE VEND SÉPARÉMENT. — LE VOLUME, 4 FRANCS

		fr.
Les Trois Mousquetaires	2 vol.	8
Vingt Ans après	3 vol.	12
Le Vicomte de Bragelonne	3 vol.	12
Le Comte de Monte-Cristo	6 vol.	24
Le Chevalier de Maison-Rouge	1 vol.	4
La Reine Margot	2 vol.	8
La Dame de Monsoreau	3 vol.	12
Les Quarante-Cinq	3 vol.	12
Le Chevalier d'Harmental	2 vol.	8
Une Fille du Régent	1 vol.	4
Louis XIV et son siècle	3 vol.	12
Le Trou de l'Enfer	1 vol.	4
Impressions de voyage en Suisse	3 vol.	12
Quinze Jours au Sinaï	1 vol.	4

	fr. c.		fr.
Les Mille et un Fant.	2 50	1 vol.	4
Pascal Bruno	1 60		
Pauline de Meulien	» 70	1 vol.	4
Les Avent. de Lyderic	1 30		
Jacques I et Jacques II	» 70		
Les Frères corses	1 30	1 vol.	4
Othon l'Archer	1 60		
Murat	» 70		
La Femme au collier de velours	2 30	1 vol.	4
Le Capitaine Marion	» 50		
La Junon	» 90		
Le Kent	» 70		
Mariages du Père Olifus	2 70	1 vol.	4
Les Médicis	1 30		

	fr. c.		fr.
Blanche de Beaulieu	» 80	1 vol.	4
Un Bal masqué. — Le Cocher de cabriolet	» 50		
Bernard	» 35		
Chérubino et Celestini	» 50		
Histoire d'un mort raconté par lui-même	» 50		
Une Âme à naître	» 50		
La Main droite du sire de Giac	» 50		
D. Martin de Freytas	» 70	1 vol.	4
Une Vie d'artiste	2 70		
Chron. de Charlemagne	» 90		
Praxède	» 10		
Pierre le Cruel	» 30		

	fr. c.		fr.
L'Hist. de la peinture	1 25	1 vol.	4
Léon. de Vinci. — Masaccio de San Giov. — Le Perugin. — J. Bellin. — L. Cranach	» 50		
Albert Durer. — Fra Bartolomeo	» 60		
André de Mantegna. — Pinturicchio. — Baldassare Peruzzi	» 50		
Giorgione. — Quentin Metsys	» 60		
Les deux Hubert van Eyck de Bologne	» 30		
D. Bernardo de Zuniga	» 60		